VISA

ANNALES

SUJETS ET CORRIGÉS

CONCOURS 1996

ÉCOLES SUPÉRIEURES DE COMMERCE

ESSCA • IÉSEG • IPAG

espace ÉTUDES éditions

CALENDRIER DE LA SESSION 1997

Clôture des inscriptions :
30 avril 1997

Épreuves écrites :

15 mai (toute la journée)

et 16 mai (le matin)

SOMMAIRE DES ANNALES

LE GROUPEMENT D'ÉPREUVES ÉCRITES VISA

LES AVANTAGES D'UNE ORGANISATION COMMUNE

L'organisation d'une même session d'épreuves écrites pour passer plusieurs concours se traduit par de nombreux avantages concrets pour les candidats et leurs familles :

- Simplification des inscriptions : un seul dossier permet de se présenter aux concours d'entrée des écoles regroupées au sein de VISA. Ce groupement permet d'accéder à trois écoles qui proposent cinq sites d'enseignement.

- Proximité des centres de concours : 27 centres de concours, harmonieusement répartis, permettent aux candidats de présenter les épreuves écrites dans la plupart des grandes villes françaises.

- Gain de temps : les épreuves écrites des concours d'entrée des trois écoles réunies au sein de VISA durent une journée et demie. Ce gain de temps est particulièrement précieux au moment où s'amorcent les révisions du baccalauréat.

- Economie de frais d'inscription : l'organisation commune de leurs épreuves d'admissibilité permet aux trois écoles réunies au sein de VISA de faire bénéficier les candidats d'une économie appréciable sur les frais d'inscription aux concours.

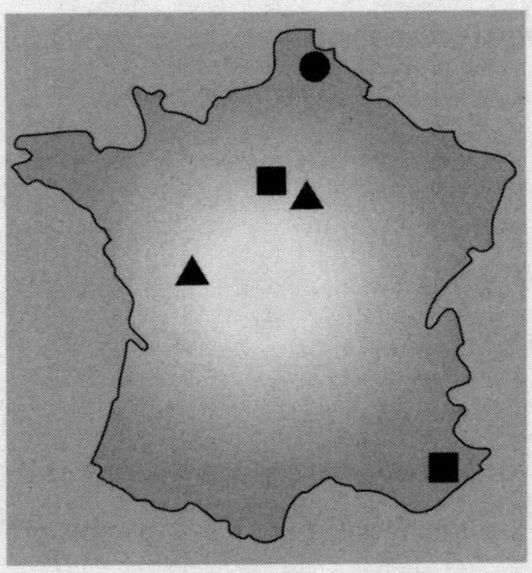

Trois écoles réunies au sein de VISA proposent cinq sites d'enseignement :

ESSCA
- ▲ Angers
- ▲ Île-de-France

IÉSEG
- ● Lille

IPAG
- ■ Nice
- ■ Paris

LES ATOUTS D'UN DIPLÔME VISÉ

L'expression « diplôme revêtu du VISA ministériel » signifie que le diplôme délivré par l'école est visé officiellement par le ministre de l'Éducation nationale.

• La garantie de qualité

Le VISA ministériel garantit la qualité de la formation ainsi que le niveau académique du diplôme. À ce titre, les jurys sont présidés par un représentant du ministère de l'Éducation nationale qui s'assure que les procédures de recrutement des étudiants, l'organisation des examens et les conditions d'attribution du diplôme respectent les normes requises.

• Le recrutement

Les entreprises accordent une importance certaine au contenu des enseignements et à leur degré de professionnalisme. L'expérience montre qu'elles portent une attention particulière aux candidats dont la formation bénéficie d'une reconnaissance officielle.

Les services de l'APEC, Association Pour l'Emploi des Cadres, aident, conseillent et diffusent de nombreuses offres d'emploi auprès des cadres pour les jeunes diplômés, l'accès à ces services est réservé aux titulaires d'un diplôme d'un niveau Bac + 4 minimum ayant reçu le visa ministériel.

• L'international

Le label de qualité que constitue le VISA ministériel confère à une école la crédibilité qui lui permet de conclure des accords d'échanges avec les meilleures universités étrangères.

Le VISA est aussi une condition indispensable pour participer aux programmes inter-universitaires de coopération financés par l'Union européenne dans le cadre du programme ERASMUS/SOCRATES. Ce programme permet aux étudiants d'obtenir des bourses couvrant une partie des frais liés aux études à l'étranger.

• L'accès aux troisièmes cycles d'enseignement supérieur

Un diplôme visé, délivré par une école supérieure de commerce (au moins Bac + 4) est officiellement reconnu au niveau d'une maîtrise d'université. Il donne de ce fait, tant en France qu'à l'étranger, accès aux troisièmes cycles d'enseignement supérieur.

CALENDRIER DE LA SESSION 1997

Épreuves écrites : 15 mai (toute la journée)
16 mai (le matin)

Clôture des inscriptions : 30 avril 1997

CONDITIONS GÉNÉRALES

Candidatures

Sont admis à se présenter aux épreuves VISA :

- Les élèves des classes terminales de l'enseignement secondaire dont l'admission définitive ne pourra être prononcée qu'après l'obtention du baccalauréat.
- Les titulaires du baccalauréat ou d'un titre français ou étranger reconnu équivalent.

Important : *Seuls peuvent se présenter à l'ESSCA les candidats n'ayant jamais été inscrits dans un établissement supérieur ou dans une classe préparatoire aux grandes écoles.*

Choix des concours

Les candidats peuvent se présenter au (x) concours d'entrée de l'une, de deux ou des trois écoles réunies au sein de VISA. Ils feront partie des classements des concours qu'ils auront choisis ; la note obtenue à chaque épreuve est affectée du coefficient fixé par chaque école.

Déroulement des concours

Admissibilité : Les épreuves écrites de VISA conduisent, pour chaque concours, à l'admissibilité, c'est-à-dire à l'accès aux épreuves orales. Les candidats déclarés admissibles seront convoqués par chacune des écoles concernées.

Admission : A l'issue des épreuves orales, chaque école établit un classement définitif des candidats admis. Les candidats reçus doivent confirmer leur inscription dans les délais et les procédures propres à chacune des écoles.

CENTRES DES ÉPREUVES ÉCRITES

Les épreuves écrites sont organisées dans 27 villes de France métropolitaine. Une convocation aux épreuves écrites sera adressée au plus tard le 6 mai 1997 à chaque étudiant après la réception de son dossier d'inscription ; elle précisera l'adresse du centre de concours choisi.
Liste des centres : Amiens, Angers, Bordeaux, Brest, Caen, Clermont-Ferrand, Dijon, Grenoble, Lille, Lyon, Marne-la-Vallée, Marseille, Montpellier, Nancy, Nantes, Nice, Orléans, Paris, Poitiers, Reims, Rennes, Rouen, Strasbourg, Toulon, Toulouse, Vannes, Versailles.

TABLEAU DES COEFFICIENTS AUX ÉPREUVES ÉCRITES

ÉPREUVES	ESSCA	IÉSEG	IPAG
Maîtrise du français	2	1	1
Synthèse	2,5	2,5	2,5
Mémorisation et compréhension	1,5	1,5	1,5
Raisonnement logique et quantitatif	2	5	4
Anglais	2	2	3
Seconde langue	bonus*	bonus*	bonus**
Total des coefficients	**10**	**12**	**12**
Nombre de places offertes	***300***	***160***	***400 (Paris + Nice)***

* Les points au-dessus de la moyenne s'additionnent au total des points obtenus.
** Les points au-dessus de la moyenne, affectés du coefficient 2, s'additionnent au total des points obtenus.

FRAIS D'INSCRIPTION

Les frais d'inscription à VISA varient selon le nombre d'écoles présentées par le candidat. Ils sont de 950 F pour la participation aux concours des trois écoles réunies au sein de VISA : l'ESSCA, l'IÉSEG et l'IPAG. Ils sont de 850 F pour la participation aux concours de deux d'entre elles et de 750 F pour la participation au concours de l'une d'entre elles. Ils incluent le passage des épreuves orales pour les candidats admissibles. Les frais d'inscription restent acquis si le candidat ne se présente pas à tout ou partie des épreuves.

Les candidats peuvent s'informer par écrit auprès de VISA – BP 170 – 75263 Paris Cedex 06

ESSCA

Service concours
Angers – Île-de-France
1, rue Lakanal – BP 348
49003 ANGERS CEDEX 01
N°Azur 0 801 63 20 98
Pour le coût d'une communication locale
Fax : 02 41 73 47 48

IÉSEG

3, rue de la Digue
59800 LILLE
Tél. : 03 20 54 58 92
Fax : 03 20 57 48 55

IPAG

184, boulevard St Germain
75006 PARIS
Tél. : 01 42 22 08 55
Fax : 01 45 44 40 46

•

4, boulevard Carabacel
06000 NICE
Tél. : 04 93 13 39 00
Fax : 04 93 13 39 13

VISA

ESSCA

GROUPE
ESSCA

École Supérieure des Sciences Commerciales d'Angers

Adresses

Service concours
Angers – Île-de-France
1, rue Lakanal – BP 348
49003 Angers Cedex 01
N°Azur 0 801 63 20 98
Pour le coût d'une communication locale
Fax : 02 41 73 47 48

Interlocuteurs

Directeur général :	Michel Poté
Directeur du programme ESSCA :	Jean-Pierre Noblet
Directeur de la qualité :	Philippe Pothier
Directeur du développement et de la communication :	Christian Brûlard
Informations concours à Angers :	Micheline Pitiot
à Marne-la-Vallée :	Monique Senneville

L'ESSCA : la seule école de commerce membre de la Conférence des Grandes Écoles recrutant au niveau du baccalauréat

L'École Supérieure des Sciences Commerciales d'Angers a été fondée en 1909 au sein de l'Université Catholique de l'Ouest. Membre du Chapitre de la Conférence des Grandes Écoles et de la FESIC (Fédération des Écoles Supérieures d'Ingénieurs et de Cadres), l'ESSCA délivre, après quatre années d'études, un diplôme visé par le ministre de l'Éducation nationale. En 1995, l'ESSCA a diplômé son 5 000e ancien élève. L'école constitue l'activité majeure du groupe ESSCA dont les programmes de formation à des troisièmes cycles et de formation permanente s'exercent en France et à l'étranger où le groupe est implanté.

La mission de l'école : accompagner la réussite de l'intégration professionnelle de chaque étudiant

Concrètement, cette mission se traduit par une dynamique associant projet pédagogique et projet personnel.

Le projet pédagogique

Durant les quatre années d'études, les cinq premiers semestres constituent la base de la formation. Ils développent les connaissances néces-

saires à la maîtrise des mécanismes de l'entreprise, tout en favorisant la culture générale, économique et humaine. Les deux premières années d'études peuvent s'effectuer à Angers ou à Marne-la-Vallée.
Les trois derniers semestres permettent à chaque étudiant de personnaliser sa formation pour mieux préparer la réussite de son intégration dans la vie professionnelle.
Cette personnalisation se manifeste dans le choix successif :
- d'un mode de formation parmi :
  – la formation internationale,
  – la formation alternée,
  – la formation recherche appliquée ;
- d'un des 5 parcours qui préparent à l'exercice d'une fonction ou d'un métier dans l'entreprise : commerce extérieur, audit expertise, finance trésorerie, marketing industrie et services, marketing produits de grande consommation.

De nombreux stages, missions et expériences concrètes, jalonnent les quatre années d'études. Certains étudiants complètent ce parcours au sein des chaires professionnelles de l'ESSCA qui bénéficient du soutien d'entreprises et de branches professionnelles : chaire de l'automobile, de l'hôtellerie et des services, des PME-PMI.

Le projet personnel

Chaque étudiant vit sa scolarité à travers l'élaboration de son projet personnel.
Plusieurs dispositifs contribuent à l'efficacité de cette démarche :
- un suivi individualisé grâce à un tutorat tout au long de la scolarité complété par un accompagnement professionnel qui se poursuit pendant 18 mois après l'obtention du diplôme ;
- des périodes régulièrement organisées autour de rencontres avec des acteurs très divers de la vie sociale : dirigeants d'entreprise mais aussi artistes, chercheurs, responsables politiques et sociaux ;
- le séminaire de synthèse en fin de quatrième année. Réunissant l'ensemble de la promotion sortante et plus de 150 professionnels, ce séminaire est l'occasion, pour chaque étudiant, de faire un bilan des compétences acquises et de finaliser sa démarche d'intégration dans l'entreprise.

Des solutions originales pour associer les projets des étudiants et la mobilisation des réseaux

- Plus de 3 500 anciens élèves en activité professionnelle contribuent au rayonnement de l'ESSCA dans les entreprises. Leur association propose plusieurs prestations et particulièrement le service carrières-emplois qui diffuse chaque année plus de 2 200 offres d'emplois aux diplômés de l'ESSCA.
- 2 500 entreprises ont un contact concret chaque année avec l'école. Au mois d'octobre, le forum Entreprises-École permet aux étudiants de rencontrer des décideurs qui viennent proposer des stages, des mis-

sions et des alternances. La Direction des relations entreprises fédère et anime les entreprises impliquées dans la vie et le développement du groupe ESSCA.

- 47 universités étrangères partenaires favorisent les échanges d'étudiants et de professeurs. L'implantation du groupe ESSCA à Budapest en Hongrie constitue l'exemple d'une ouverture sur des économies en transition.

L'intégration des diplômés

Intérêt du premier emploi

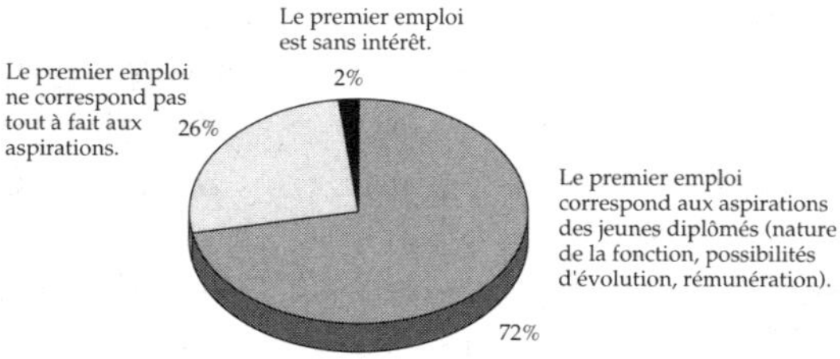

Durée de recherche d'emploi

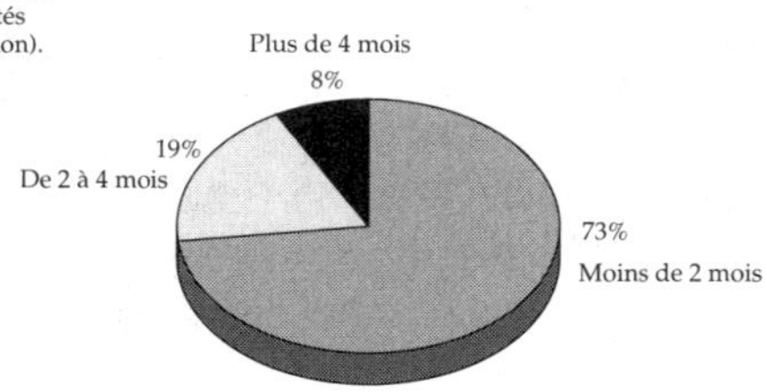

Solidarité ESSCA : une aide au financement des études

Créée à l'initiative de l'ESSCA, il y a dix-huit ans, l'Association Solidarité ESSCA aide des étudiants de première, deuxième et troisième années. Cette aide intervient sous forme de bourses dont le montant varie en fonction des ressources et des charges de chacun. 87 dossiers ont été acceptés pour l'année scolaire 1995-1996. A titre d'exemple, les bourses vont de 1 500 à 21 000 F, avec une moyenne de 11 494 F.
Ces bourses sont complémentaires aux aides financières apportées par l'État, les collectivités locales ou autres organismes. Solidarité ESSCA est à la disposition des familles pour étudier, à titre strictement confidentiel, les diverses possibilités qui peuvent les aider, en fonction de leur situation personnelle.

L'ESSCA en quelques chiffres

• Taille des promotions	300 étudiants
• Nombre de permanents	89 dont 50 professeurs permanents et 6 enseignants chercheurs
• Frais de scolarité, hors aides au financement	34 700 F
• Coût d'un étudiant pour l'école	50 500 F

- 2 500 entreprises contactent l'ESSCA chaque année
- 5 400 anciens élèves ont étudié à l'ESSCA
- 47 universités étrangères sont partenaires
- 35 associations d'étudiants contribuent à l'animation de l'école
- 850 étudiants ont bénéficié d'une bourse Solidarité-ESSCA pour financer leurs études

CARTE D'IDENTITÉ

Adresse

3, rue de la Digue
F-59800 Lille
Tél. : 03 20 54 58 92
Fax : 03 20 57 48 55

Interlocuteurs

Directeur :	Jean-Philippe Ammeux
Directrice des études :	Danielle Delécluyse
Responsable information et concours :	Raymonde Séquier

Grande école de commerce et de gestion

- créée en 1964,
- délivrant un diplôme visé par le ministre de l'Éducation nationale,
- membre de l'Université catholique de Lille et membre de la FESIC (Fédération d'Écoles Supérieures d'Ingénieurs et de Cadres),
- membre du Pôle universitaire européen de Lille
- 160 étudiants par promotion.

Formation à orientation généraliste

donnant accès à toutes les grandes fonctions dans l'entreprise :
(répartition des diplômés IÉSEG par fonction)

• marketing-commercial	28 %
• gestion-organisation	27 %
• ressources humaines - conseil	21 %
• finance-audit	11 %
• direction générale	10 %
• divers	3 %

Avec spécialisation professionnelle en dernière année

Les stages (années 1, 2, 4), le projet communication de troisième année, le mémoire de fin d'études et le choix, en cinquième année, d'une « conce tration » (Audit et gestion internationale, Finance ou Marketing) permettent à l'étudiant de **modeler son profil professionnel.**

Échanges internationaux importants

60 % des étudiants passent un an dans l'une des 34 universités étrangères partenaires de l'IÉSEG : **Allemagne, Royaume-Uni, Espagne, Canada, Etats-Unis, Autriche, Norvège, Danemark, Italie, Portugal** (possibilité de double diplôme MBA, MA...). De plus, un programme franco-chinois donne la possibilité de s'initier à la langue chinoise et de réaliser un stage en entreprise dans l'une de nos 8 villes partenaires dont Pékin.

En 1997, l'IÉSEG, c'est :

- 560 étudiants
- 100 professeurs dont 20 permanents
- 160 places à l'entrée en 1ère année (concours VISA)
- 4 500 m^2 utiles dans un bâtiment moderne
- 21 millions de francs de budget
- 34 universités étrangères partenaires
- 66 étudiants à l'étranger
- 1 100 anciens sortis de 1968 à 1996
- 8 000 heures de cours environ par an
- 21 900 francs de frais annuels de scolarité
- plus de 700 entreprises partenaires pour la taxe d'apprentissage.

PRÉSENTATION DE L'ÉCOLE

L'IÉSEG : une école supérieure de commerce et de gestion aux spécificités reconnues

L'IÉSEG est une **école supérieure de commerce et de gestion** qui accueille, sur concours, des étudiants bacheliers pour les préparer en **cinq ans** aux carrières de la gestion, de la finance et du marketing. Une des originalités de l'IÉSEG est **l'importance accordée aux disciplines économiques et scientifiques,** sources d'ouverture intellectuelle et d'adaptabilité.

Les **560 étudiants** sont encadrés par un corps professoral de haut niveau, 100 enseignants universitaires ou professionnels d'entreprise. La pédagogie favorise le travail en équipe et la prise de responsabilité et s'appuie sur des **équipements de qualité accessibles en libre-service jour et nuit :** salles de travail, salles informatiques, centre de documentation, laboratoires de langues. La Bibliothèque d'économie et de gestion rassemble 25 000 ouvrages et 800 abonnements. Elle est ouverte sur les réseaux nationaux et internationaux d'information.

L'appartenance à l'Université Catholique de Lille (6 facultés, 35 écoles, 4 hôpitaux, 70 équipes de recherche, 13 bibliothèques, 15 000 étudiants) permet de profiter de la mise en commun de nombreux moyens : bibliothèque centrale (500 000 volumes, 4 500 revues), restaurant universitaire, résidences universitaires, coopération académique...

En outre, au sein de cette Université, l'IÉSEG développe son activité de recherche dans le cadre du LABORES (Laboratoire de Recherche Economique et Sociale, associé au CNRS, URA 362).

LE CURSUS

La durée des études, cinq ans, standard habituel pour la formation des cadres à l'étranger, s'impose également en France. Elle permet de construire un programme riche et équilibré :

– deux ans pour les « fondations » : économie, mathématique et statistique, comptabilité, histoire, droit, forgent la « musculature intellectuelle » de l'étudiant et lui donnent les outils nécessaires pour la suite.

– deux ans pour la formation générale au management : un parcours complet des disciplines et techniques de la finance, du marketing, de la gestion, illustré par le stage cadre (3 mois minimum) et les travaux d'application en entreprise. La troisième, la quatrième ou la cinquième année se déroule dans une des 32 universités étrangères partenaires pour deux étudiant sur trois.

– un an pour la synthèse, l'approfondissement d'un domaine particulier et la **préparation à la vie professionnelle :** enseignements de synthèse et choix d'une concentration (Audit et gestion internationale, Finance ou Marketing), mémoire de fin d'études, forment le futur diplômé à une approche stratégique et opérationnelle de la conduite des entreprises.

De plus, durant cette cinquième année, les élèves ont la possibilité de suivre un DEA de gestion de l'université de Lille II.

L'IÉSEG gère également un programme de troisième cycle en « **Management des Banques et Institutions Financières** ».

BACCALAURÉAT

↓

Concours (VISA)

↓

PÉRIODE	COURS	STAGES et PROJETS	INTERNATIONAL
phase 1	Connaissances de base		
1re année		Stage ouvrier	
2e année		Stage commercial	
phase 2	Formation générale au management		Séjours en universités étrangères
3e année		Projet de communication	
4e année		Stage cadre	
phase 3	Synthèse et spécialisation	Mémoire de fin d'études	
5e année			

↓

DIPLÔME VISÉ PAR LE MINISTRE DE L'ENSEIGNEMENT SUPÉRIEUR

ipag

École Supérieure de Commerce

Adresses

Paris
184, boulevard St Germain
75006 Paris
Tel. : 01 42 22 08 55
Fax : 01 45 44 40 46

Nice
4, boulevard Carabacel
06000 Nice
Tel. : 04 93 13 39 00
Fax : 04 93 13 39 13

Interlocuteurs

Directeur Général : Joël Krétly
Directeur de la Communication : Virginie Munch
Directeurs de l'École : Christian Mauger (Paris)
Jacques Godron (Nice)

L'école

Fondée en 1965, l'IPAG est l'une des grandes écoles de commerce et gestion reconnue par l'État, délivrant un diplôme Bac + 4 visé par le ministre de l'Éducation nationale.
L'IPAG dispense à ses élèves une formation de généraliste de haut niveau, avec une forte dimension internationale.
Le projet pédagogique de l'École assure une proximité constante de l'élève avec l'Entreprise, de l'École avec l'Entreprise.

Une formation de généraliste en 4 ans

Une solide formation à la gestion complétée par des spécialisations professionnelles, des capacités d'adaptation développées en France comme à l'étranger garantissent aux élèves de l'IPAG une intégration réussie sur le marché du travail.
Le visa ministériel du diplôme de l'École garantit en outre l'accès aux troisièmes cycles universitaires en France et à l'étranger.

Une dimension internationale forte

L'international est une donnée essentielle de la formation à l'IPAG. Tous les diplômés maîtrisent deux langues étrangères. Ils ont en outre vécu au cours de leurs quatre années d'études une expérience professionnelle et culturelle à l'étranger d'au moins un semestre (stages en entreprise, semestres de spécialisation en université étrangère).
L'IPAG dispose d'un réseau d'universités associées dans plus de 10 pays étrangers ; certains de ces accords internationaux permettent aux élèves de l'IPAG d'obtenir également un diplôme étranger reconnu, notamment en

Allemagne, en Grande-Bretagne, aux Pays-Bas et en Suède. Les programmes internationaux de l'IPAG reçoivent le soutien de l'Union Européenne (réseau SOCRATES/ERASMUS). L'IPAG a également noué des relations privilégiées sur le continent américain.
Le Centre de Formation Internationale de l'IPAG, implanté à Nice, prend en charge la gestion des cursus internationaux des programmes du Groupe. Chaque année, il accueille plus de trente professeurs étrangers venant des universités partenaires et intègre dans ses programmes 150 étudiants étrangers.

L'expérience réelle de l'entreprise

La pédagogie de l'IPAG est fondée depuis 1974 sur l'alternance d'un enseignement théorique approfondi avec des expériences professionnelles en entreprise. L'élève de l'IPAG a effectué ainsi, selon le cursus choisi, de dix à seize mois de stages en France et à l'étranger.
Préparés avec l'École, les stages sont encadrés et suivis par les responsables pédagogiques.
La progression des emplois successifs occupés dans l'entreprise constitue ainsi pour le diplômé une expérience professionnelle solide.

Le suivi individualisé des projets personnel et professionnel

L'équipe pédagogique de l'IPAG est organisée autour d'une structure originale, unique dans les écoles de commerce en France : un encadrement pédagogique par année d'études.
Partenaires permanents des élèves et des professeurs d'une année, les coordonnateurs d'année entretiennent des relations privilégiées avec chaque élève, le conseillent dans ses choix et la construction de son projet professionnel.
L'école a par ailleurs mis en place un tutorat par des professionnels d'entreprises pour l'accompagnement individualisé des élèves dans cette définition.
L'IPAG compte aujourd'hui 300 professeurs dont 42 permanents.
Un séminaire de synthèse réunit, en fin de 4e année, élèves, professeurs, anciens élèves et recruteurs. Il est l'occasion de mettre au point la démarche de recherche d'emploi de chaque élève, de tisser des relations de parrainage avec le réseau d'Anciens, d'approcher les recruteurs d'entreprise et de se familiariser avec les sessions de recrutement.

Une intégration réussie dans l'entreprise

Les 2 300 anciens élèves, cadres ou dirigeants d'entreprise, constituent un réseau de relations tissé dans l'économie nationale et étrangère.
Ils travaillent dans tous les secteurs de l'économie et de la gestion :

Vente, export	27 %
Direction commerciale	23 %
Finance, comptabilité-contrôle de gestion	21 %
Marketing opérationnel	11 %
Gestion des Ressources Humaines	5 %
Divers	13 %

Sont diplômés de l'IPAG :

Jean-Michel Perbet - Directeur Général de Sony France, Armand Baruch - Délégué Général d'Europort Marseille, Jean-Paul Huet - Conseiller Economique et Commercial auprès de l'Ambassade de France à Rome, Alain Boucheron - Président Directeur Général de Boucheron SA., Erick Morazin - Directeur Commercial France de Britanny Ferries, Christian Guiraud - Directeur Commercial Cetelem Belgique, Jean-Paul Montagne - Directeur Administratif et Financier de la Compagnie Immobilière Phénix, Christian Paillot - Président Directeur Général de Konica-Akaï France, Paul Magnan - Directeur Général de Ikéa, Gilles Carpentier - Secrétaire Général de Sonia Rykiel.

L'IPAG, des formations adaptées à chaque projet professionnel

La formation est constituée de deux cycles de deux ans chacun.

1er cycle : l'élève effectue ses deux premières années d'études indifféremment à l'IPAG Paris ou à l'IPAG Nice.

Ce dernier prépare en outre ses élèves au Certificat de l'Enseignement Supérieur de la Communauté Européenne, obtenu en fin de 2e année.

2e cycle : l'élève fait un choix en fonction de son projet professionnel entre les 5 cursus de spécialisation qui lui sont proposés.

Deux grands axes de spécialisation sont proposés :

- Les spécialisations professionnelles : préparation à un métier en France ou à l'étranger. Les programmes d'enseignements préparant aux différents métiers couvrent les domaines suivants : Finances, Comptabilité-Contrôle de Gestion, Banque-Assurance, Commerce International, Gestion des Ressources Humaines, Marketing Opérationnel, Métiers Commerciaux, Logistique.
- Les spécialisations internationales : spécialisation géographique sur un ou plusieurs pays étrangers. Accès à un double diplôme (diplôme de l'IPAG et de l'université étrangère partenaire).

Les 5 cursus de l'IPAG comportent tous une expérience à l'étranger d'un semestre minimum.

L'IPAG, c'est aussi :

La solidarité en plus

L'IPAG a développé une politique d'aide au financement des droits de scolarité (34 500 F pour l'année 96/97) :

- Bourses de l'IPAG (60 bourses sont accordées chaque année par l'École pour un montant de 3 000 à 30 000 F)
- Bourses de l'Enseignement Supérieur
- Bourses ERASMUS/SOCRATES (montant de 4 000 à 15 000 F en 95/96)
- Prêts bancaires : les banques partenaires de l'IPAG consentent des prêts étudiants à des conditions privilégiées de taux et d'amortissement.
- Rémunérations perçues au cours des stages : les stages sont rémunérés.

CONSEILS PRATIQUES POUR LES ÉPREUVES

Vous avez entre les mains les annales pour vous préparer aux épreuves écrites du groupement VISA. Afin de donner à votre préparation toute l'efficacité nécessaire, nous vous proposons une série de conseils. Nous distinguons deux types d'informations, les conseils relatifs au passage des épreuves, et les conseils sur l'entraînement aux épreuves écrites.

Comment affronter les épreuves ?

En venant passer les épreuves VISA, munissez-vous :

- de deux crayons noirs, bille ou feutre. Pourquoi deux ? Au cas où l'un des deux connaîtrait une défaillance,
- d'une montre ou d'une petite horloge, de préférence totalement silencieuses.

Comment répondre à un QCM VISA ?

Certaines épreuves se présentent sous la forme d'un questionnaire à choix multiple (QCM).

Comme vous pouvez le constater dans la reproduction de la feuille de réponses ci-dessous, pour chaque question d'un QCM, il y a une ou plusieurs réponses possibles. Vous devez les cocher sur la première ligne. Au cas où vous auriez un regret, ou une modification à apporter, il faut la reporter sur l'autre ligne.

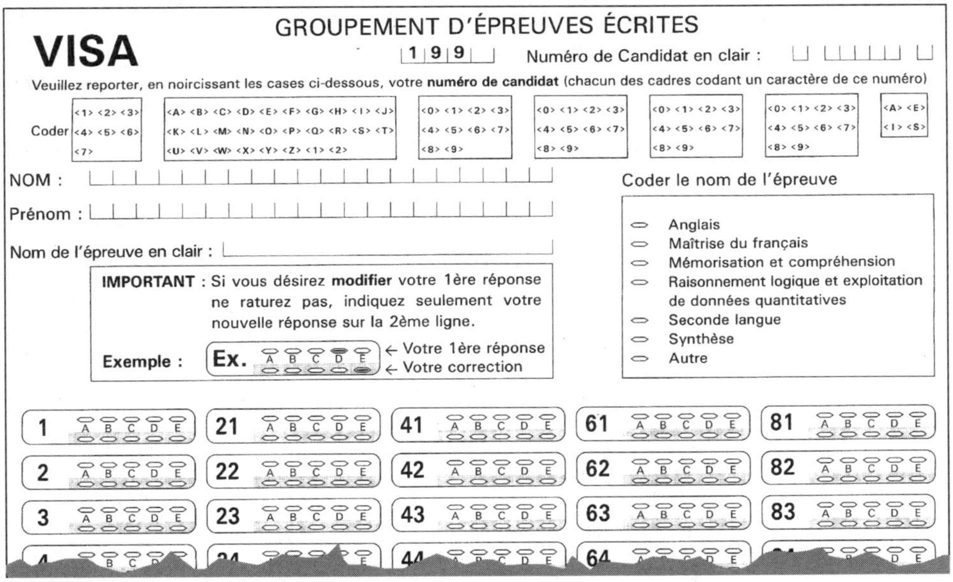

VISA

GROUPEMENT D'ÉPREUVES ÉCRITES

1 9 9 | Numéro de Candidat en clair :

Veuillez reporter, en noircissant les cases ci-dessous, votre **numéro de candidat** (chacun des cadres codant un caractère de ce numéro)

Coder <1> <2> <3> <4> <5> <6> <7> | <A> <B> <C> <D> <E> <F> <G> <H> <I> <J> <K> <L> <M> <N> <O> <P> <Q> <R> <S> <T> <U> <V> <W> <X> <Y> <Z> <1> <2> | <0> <1> <2> <3> <4> <5> <6> <7> <8> <9> | <0> <1> <2> <3> <4> <5> <6> <7> <8> <9> | <0> <1> <2> <3> <4> <5> <6> <7> <8> <9> | <0> <1> <2> <3> <4> <5> <6> <7> <8> <9> | <A> <E> <I> <S>

NOM :

Prénom :

Nom de l'épreuve en clair :

IMPORTANT : Si vous désirez **modifier** votre 1ère réponse ne raturez pas, indiquez seulement votre nouvelle réponse sur la 2ème ligne.

Exemple : Ex. A B C D E ← Votre 1ère réponse ← Votre correction

Coder le nom de l'épreuve

- Anglais
- Maîtrise du français
- Mémorisation et compréhension
- Raisonnement logique et exploitation de données quantitatives
- Seconde langue
- Synthèse
- Autre

1 A B C D E | 21 A B C D E | 41 A B C D E | 61 A B C D E | 81 A B C D E
2 A B C D E | 22 A B C D E | 42 A B C D E | 62 A B C D E | 82 A B C D E
3 A B C D E | 23 A B C D E | 43 A B C D E | 63 A B C D E | 83 A B C D E

Durant chaque épreuve soyez concentré sur le contenu de l'épreuve et faites abstraction de tout autre sujet, que ce soient les épreuves précédentes ou suivantes ou d'autres préoccupations personnelles.
Soyez vigilant sur la formulation des textes et des consignes des épreuves. Lisez attentivement les énoncés et assurez-vous de la précision de vos réponses.
Soyez attentifs à la durée de l'épreuve et planifiez votre travail en fonction du temps dont vous disposez.
Malgré tout, si vous percevez que vous ne pourrez pas tout terminer à temps, ne stressez pas, et continuez à répondre à votre rythme plutôt que d'essayer de répondre à tout. Il est plus rentable de ne pas terminer que de bâcler toute une partie de l'épreuve.

Comment se préparer efficacement ?

Entraînez-vous aux épreuves au moins une à plusieurs semaines avant le 15 mai (date des écrits). Rapprochez-vous le plus possible des conditions réelles des concours.

- Isolez-vous dans une pièce au calme, sans bruit, ni musique.
- Concentrez-vous avant de commencer.
- Respectez la durée officielle de chaque épreuve.
- Interdisez-vous tout recours à une aide extérieure, documentaire ou orale.

Une fois données, comparez vos réponses au corrigé et tentez de cerner où et comment vous avez fait des erreurs. Analysez ces dernières de manière à éviter de manifester les mêmes manquements le jour du concours. Les questions et les tests sont toujours du même type et tentent d'évaluer les mêmes acquis. Si vous comprenez une fois le type de réponse à apporter à tel QCM de langue, de français ou de logique, vous avez de fortes chances d'affronter avec succès les épreuves similaires du concours.
Si, en langue ou ailleurs, vous ne voyez pas les raisons d'une réponse, n'hésitez pas à vous faire aider de vos professeurs pour cerner le problème qu'elle soulève. A l'occasion, vous pouvez leur demander de réaliser des tests similaires en classe. Ce travail ne sera de toute façon pas perdu pour le baccalauréat même si les épreuves de langues ne s'y présentent pas sous cette forme.
Une fois tous les doutes levés, refaites le test dans les conditions les plus proches du concours, et réévaluez votre performance.

Légende des pictogrammes dans les pages-épreuves de ces annales :

S VISA — SUJET

C VISA — CORRIGÉ

ÉPREUVE DE MAÎTRISE DU FRANÇAIS

Durée : 1 h 30

Lisez attentivement les instructions suivantes avant de vous mettre au travail :
Pour chaque question, 100 au total, de cette épreuve, vous seront proposées au plus 5 réponses (réponse A, réponse B, réponse C, réponse D, réponse E).
Pour chaque question, **il peut y avoir plusieurs réponses justes (au moins une).**

Vous vous servirez de la feuille jointe pour indiquer vos réponses en noircissant les cases situées au-dessus des lettres correspondantes.

ATTENTION : si vous désirez modifier votre première série de réponses à une question, **ne raturez pas,** mais indiquez votre nouvelle série de réponses sur la ligne de correction prévue à cet effet.
Exemple : vous souhaitez répondre B et C, puis après réflexion B et D.

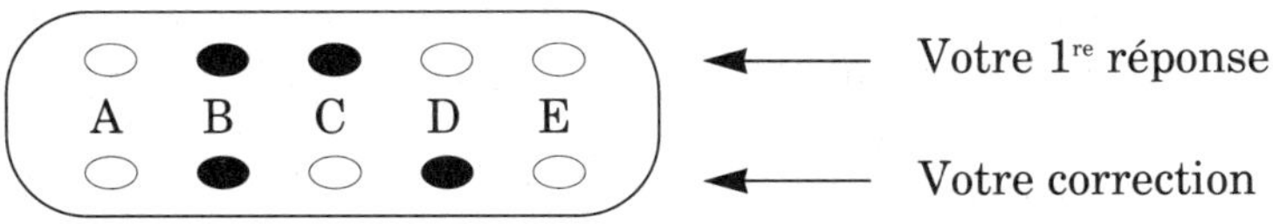

Vous avez un capital de 100 points. Vous êtes pénalisé à chaque erreur ou à chaque oubli.

COEFFICIENTS ATTRIBUÉS À CETTE ÉPREUVE		
ESSCA **2**	**IÉSEG** **1**	**IPAG** **1**

1. Des mesures drastiques sont :
A) rigoureuses
B) draconiennes
C) sanitaires
D) de longue date
E) souples

2. On doit écrire :
A) des droits pénales
B) des droits pénals
C) des droits pénaux
D) des droits pénauds

3. Des lucarnes rondes sont des :
A) œils de bœufs
B) yeux de bœufs
C) yeux de bœuf
D) oeils de bœuf

4. On doit écrire :
A) en filigramme
B) en filigrane
C) en filigrame
D) en filigranne

5. On doit écrire :
A) une heure et demi
B) une demi-heure
C) une demie-heure
D) une heure et demie

6. Une ratiocination est :
A) une dératisation
B) un abus de raisonnement
C) une construction
D) un empire de presse
E) un terme mathématique

7. Une tmèse est :
A) une hypothèse
B) une grand-messe
C) une séparation grammaticale
D) un mot qui n'existe pas

8. Faire du prosélytisme c'est :
A) écrire en prose
B) sélectionner des candidats
C) répandre la foi avec ferveur
D) recruter de nouveaux adeptes

9. L'“eugénisme” est :
A) une doctrine napoléonienne
B) une attitude naïve
C) une doctrine de sélection à la naissance
D) un synonyme d'alcoolisme

10. Un terme polysémique est :
A) un terme politique
B) un terme familier
C) un terme qui a plusieurs sens
D) un terme qui rime entièrement
E) un terme raciste

11. Cochez la (les) proposition(s) contenant un adjectif épithète :
A) Ce bébé est adorable. ✗B) Mon père aime les voitures rapides.
✗ C) La petite fille courait vite. D) La maison paraissait ancienne.

12. Quelle (s) phrase (s) ne contient (nent) pas de proposition relative?
✗ A) Qui est venu hier? B) Celui dont tu parles est parti.
✗ C) Je pense que tu as raison. ✗ D) Quand paraîtra ton livre?

13. Cochez la (les) proposition(s) correcte(s) :
✗ A) Elle lui a donné de nombreux enfants.
B) Elle lui a donnée de nombreux enfants.
C) Elle lui a donnés de nombreux enfants.
D) Elle lui a données de nombreuses filles.

14. Un "néologisme" est :
A) un style littéraire B) une nouvelle science
C) une doctrine politique ✗ D) un mot nouveau

15. Cochez la (les) proposition(s) contenant un pronom impersonnel :
A) Il le voit tous les jours. ✗ B) Il pleut tous les jours.
C) Il le pense vraiment. ✗ D) Je crois qu'il va neiger.

16. Quelle(s) proposition(s) contient (contiennent) une interrogation indirecte?
A) Elle me demande : "Quelle heure est-il?"
B) Quel plaisir de chercher à savoir!
C) Je crois qu'il va venir.
✗ D) L'enseignant se demande qui a tort.

17. Quelle(s) proposition(s) ne contient (contiennent) pas de COD?
A) Il le dit lui-même.
✗ B) La campagne est verte en été.
✗ C) Le lit paraissait vide.
D) L'enfant ne dit que des mensonges.

18. Quelle(s) proposition(s) contient (contiennent) un COI?
A) Il le lui a dit lui-même. o
B) La campagne est verte en été.
C) Le lit lui semblait vide. o
D) L'enfant dit des mensonges aux autres. o

19. Dans quelle(s) phrase(s) trouve-t-on un COD?
A) Je veux de l'argent. o B) Donne-moi une pomme. o
C) Je m'y attache. D) J'en veux. o
E) Il paraît malade.

20. Dans quelle(s) phrase(s) “il” est un pronom impersonnel :
A) Il faut se lever.
B) Il nous ment.
C) Il semble que tu sois malade.
D) Il reste deux pommes.
E) Il veut ton bien.

21. Que veut dire “sagace”?
A) perspicace
B) sale
C) lent d'esprit
D) vulgaire

22. On doit écrire :
A) l'étimologie
B) l'étymologie
C) l'hétymologie
D) l'éthymologie

23. “À vaincre sans péril, on triomphe sans gloire” signifie :
A) Qui ne cherche pas la gloire ne risque rien.
B) Si on ne veut pas d'ennui, on ne risque pas sa vie.
C) Les victoires faciles ne sont pas méritoires.
D) Aucune des propositions précédentes.

24. “À père avare, fils prodigue” signifie :
A) Qui se ressemble, s'assemble.
B) Tel père, tel fils.
C) Les enfants sont différents de leurs parents.
D) Si les pères sont d'une façon, les enfants seront d'une autre.

25. On doit écrire :
A) deux cents quatre-vingts
B) deux cents quatre-vingt
C) deux cent quatre-vingts
D) deux cent quatre-vingt

26. Cochez les propositions correctes :
A) Ce sont les étudiants les meilleurs.
B) Se sont les meilleurs étudiants.
C) Ceux sont les meilleurs.
D) Ces étudiants sont les meilleures.

27. On doit écrire :
A) Il attelle son cheval.
B) Il attèle son cheval.
C) Il atelle son cheval.
D) Il attèlle son cheval.

28. Quelle(s) proposition(s) est (sont) erronée(s)?
A) vous cédates
B) vous cédattes
C) vous cédâtes
D) vous cèdâtes

29. Quelle(s) proposition(s) est (sont) exacte(s)?
A) je moudrai
B) je moudrais
C) il moulut
D) il moulu

30. On doit dire :
A) Il est bien rémunéré. B) Il est bien rénuméré.
C) Je suis rassénérée. D) Je suis rassérénée.

31. "Pactiser" signifie :
A) agir de connivence avec quelqu'un
B) être partisan de la paix
C) vivre dans l'idéal
D) transiger

32. Chercher l'intrus :
A) hypothèque B) hypothèse
C) hypothétique D) hypothétiquement

33. "Connexe" signifie :
A) différent B) joint
C) dépendant D) contraire
E) lié

34. "L'osmose" peut être :
A) une séparation d'éléments B) une influence réciproque
C) un mélange de matières D) un ensemble d'os
E) un discours oiseux

35. Un personnage "iconoclaste" :
A) cherche à détruire ce qui touche aux traditions
B) est collectionneur d'icônes russes
C) étudie l'iconographie
D) cherche à comprendre les traditions
E) s'intéresse à la géométrie

36. Le "a" est privatif pour le(s) mot(s) :
A) accalmie B) amoral
C) adossé D) agonie
E) apode

37. On doit écrire :
A) des coupe-circuit B) des sous-tasse
C) des faire-part D) des gardes-chasses
E) des gardes-boue

38. L'adjectif "insigne" a le même sens que :
A) remarquable B) extraordinaire
C) insignifiant D) médaillé
E) inoffensif

39. Quel(s) est (sont) le(s) mot(s) épicène(s)?
A) vapeur
B) pupille
C) livre
D) solde
E) astérisque

40. Le(s) contraire(s) de "alacrité" est (sont) :
A) vivacité
B) gaieté
C) tristesse
D) morosité
E) entrain

41. "J'entérine cette décision" signifie :
A) je la condamne
B) je la confirme
C) je la ratifie
D) je donne mon accord
E) je la dénonce

42. Le(s) synonyme(s) de "infirmer" est (sont) :
A) affirmer
B) remettre en cause
C) certifier
D) paralyser
E) déclarer nul

43. Cocher l'intrus :
A) acculé
B) usagé
C) abîmé
D) vieux
E) dépassé

44. Que signifie "décimer" :
A) diviser par 10
B) couper le haut à un arbre
C) répandre partout
D) tuer
E) exterminer

45. Le(s) synonymes(s) de "exhorter" est (sont) :
A) renoncer
B) encourager
C) extraire
D) accabler
E) inciter

46. Conjecture et conjoncture sont des :
A) paronymes
B) synonymes
C) antonymes
D) anagrammes

47. On doit écrire :
A) embonpoint
B) embompoint
C) enbompoint
D) déclanchement
E) déclenchement

48. "Toute la région se rebelle." Dans cette phrase on trouve :
A) un pléonasme
B) une métonymie
C) une périphrase
D) une hyperbole
E) une métaphore

49. On écrit :
A) affluence
B) aflluance
C) influence
D) influance
E) confluence

50. On écrit :
A) si tu arrives, je pourrai partir
B) si tu arrives, je pourrais partir
C) si tu arrivais, je pourrais partir
D) si tu arrivais, je pourrai partir

51. L'impératif de payer prend la (les) forme(s) :
A) paye
B) paie
C) payes
D) paies

52. Quel(s) verbe(s) est (sont) du 2e groupe ?
A) finir
B) partir
C) courir
D) gémir
E) couffrir

53. Le futur est correct pour :
A) j'assoirai
B) tu assiérais
C) nous assiérons
D) j'assoierai
E) tu assiéras

54. On écrit :
A) si j'aurai le temps, je viendrai
B) si j'aurais le temps, je viendrais
C) si j'avais le temps, je viendrai
D) si j'avais le temps, je viendrais

55. Quelle(s) est (sont) l' (les) expression(s) erronée(s) ?
A) Il arrive plus tôt que moi.
B) Il arrive plutôt que moi.
C) Plutôt souffrir que mourir.
D) Plus tôt souffrir que mourir.

56. Quelle(s) est (sont) l' (les) expressions(s) correcte(s) ?
A) On n'entend que le vent.
B) On entend que le vent.
C) On n'y peut rien.
D) On y peut rien.

57. "Dire" est conjugué correctement pour :
A) vous dîtes
B) nous dimes
C) il eusse dit
D) vous disez
E) nous eûmes dit

58. Quel(s) verbe(s) n'a (ont) pas d'impératif présent?
A) faillir
B) pouvoir
C) bouillir
D) ouir
E) vouloir

59. Quelle solution correspond aux mots manquants?
"Ils sont .... de la grille du .... , ... à partir"
A) prêts – prè – prés
B) près – pré – prêts
C) prés – pré – prés
D) près – prè – prêt

60. Quelle solution correspond aux mots manquants?
" .... m'importe, tu .... partir car tu es .... courageux!"
A) Peux – peux – peu
B) Peu – peut – peu
C) Peut – peut – peux
D) Peu – peux – peu

61. "Errare humanum est" signifie :
A) l'erreur est humaine
B) il est légitime de se tromper
C) l'homme apprend beaucoup de ses erreurs
D) l'erreur est source d'humanité

62. "Mettre en exergue" c'est :
A) mettre au rebut
B) expérimenter quelque chose
C) mettre en évidence
D) exiler quelqu'un

63. "Nul n'est prophète en son pays" signifie :
A) personne n'est apprécié à sa vraie valeur là où il vit habituellement
B) pour être un prophète dans son pays, il faut être un religieux
C) pour porter la bonne parole, il n'est pas nécessaire d'être un prophète
D) tout le monde est prophète à l'étranger

64. "Franchir le Rubicon" veut dire :
A) devenir écarlate après un excellent repas
B) rougir de honte après une réflexion en public
C) prendre une décision grave et en accepter les conséquences
D) être excessif dans son comportement

65. "S'en aller à vau l'eau" c'est :
A) remonter le cours de l'eau
B) péricliter
C) suivre le cours de l'eau
D) être oisif

66. "À profusion" implique une idée de :
A) rareté
B) abondance
C) profondeur
D) obscurité
E) parcimonie

67. “Alea jacta est” signifie :
A) Les jeux sont faits.
B) Le sort en est jeté.
C) Le futur est aléatoire.
D) La vie est pleine d'aléas.

68. Quelle(s) phrase(s) est (sont) exacte(s)?
A) Ces arbres avaient crû rapidement.
B) Ces arbres étaient montés à cru.
C) Ils avaient crus qu'ils montaient.
D) Ils se sont crus immédiatement.

69. Qu'est-ce qu'un autodidacte?
A) une voiture automatique
B) une machine à dicter
C) un homme qui s'est fait lui-même
D) un robot électrique

70. Quelle est la bonne orthographe?
A) quelles que soient leurs décisions
B) quelque soit leur décision
C) quelle que soit leurs décisions
D) quelque soient leurs décisions

71. Doit-on dire:
A) c'est une tradition immémoriale
B) c'est une tradition immémorable
C) c'est une tradition immémoriable
D) c'est une tradition immémorale

72. On doit écrire :
A) un coordonnateur
B) un coordinateur
C) un cordinateur
D) un co-ordinateur
E) un cordonateur

73. On doit dire :
A) c'est de vieux amis
B) ces deux vieux amis
C) ce sont des vieux amis
D) ce sont de vieux amis
E) c'est des vieux amis

74. “L'élaboration d'un projet”, est-ce :
A) sa préparation
B) sa mise en route
C) son acceptation
D) sa confirmation

75. Qu'est-ce qu'une oriflamme?
A) un incendie
B) une fleur
C) une bougie
D) une bannière

76. Que signifie : “Il travaille de tout son cœur”?
A) avec toute sa chorale
B) avec assistance cardiaque
C) à l'unisson des autres
D) avec zèle

77. “Elle se pâme de joie” signifie :
A) Elle explose de joie.
B) Elle s'évanouit de joie.
C) Elle éclate de rire.
D) Elle perd contenance.
E) Elle défaille de joie.

78. Qu'est-ce qu'une métastase?
A) une figure de style
B) une progression de la maladie
C) une pierre précieuse
D) une attitude religieuse

79. “Sans coup férir” veut dire :
A) sans difficulté
B) sans combattre
C) sans matière ferreuse
D) sans tristesse

80. Quel mot n'a pas le même sens que les autres?
A) incongru
B) déplacé
C) inconnu
D) malotru

81. Quelle(s) expression(s) est (sont) exactes(s)?
A) Les médias sont toutes puissantes.
B) La plupart des médias ont un rôle important.
C) Les médias sont intervenus.
D) Les médias se sont toutes concertées.

82. Un “hongre” est-il?
A) un poisson volant
B) un outil de culture
C) un cheval châtré
D) un habitant de Hongrie
E) une chaussure montante

83. On doit écrire :
A) À Tokyo j'ai rencontré de nombreux étudiants Français.
B) À Tokyo j'ai rencontrés beaucoup de Français.
C) À Tokyo j'ai rencontré beaucoup de Français.
D) À Tokyo j'ai rencontré de nombreux français.

84. Qu'est-ce qu'un “sot-l'y-laisse”?
A) un homme stupide
B) un chien en laisse
C) un poisson en liberté
D) un morceau de volaille

85. Quel(s) est (sont) le(s) terme(s) exact(s)?
A) Il en est tout esbaudit.
B) Il en est tout esbaubit.
C) Il en est tout ébaubi.
D) Il en est tout ébahit.

86. Doit-on dire :
A) des amours anciennes
B) des amoures anciens
C) une amour ancienne
D) un amour ancien

87. Que doit-on écrire ?
A) Il était une fois deux vieillards.
B) Ils étaient une fois deux vieillards.
C) Ils étaient une foi de vieillards.
D) Il était une foie deux vieillards.

88. Quelle(s) proposition(s) est (sont) correcte(s) ?
A) Le bateau est arrivé en vue de New-York.
B) En vu de son travail, il est parti à l'étranger.
C) Il s'est endormi au vue de tous.
D) Vue qu'il était fatigué.

89. Compléter la phrase suivante : "Il n'est pas de .... métier"
A) sot
B) seau
C) sceau
D) saut
E) sault

90. On doit dire :
A) Ce cambrioleur a agi par effraction.
B) Il a réalisé une effraction à la règle.
C) Ce comportement était une infraction au code.
D) Il a pénétré par infraction dans la maison.

91. Quel est le mot manquant ? "Bien mal .... ne profite jamais"
A) à qui
B) acquis
C) enquis
D) acquit

92. Quel est le pluriel ?
A) des portefeuilles
B) des porte-feuilles
C) des portes-feuille
D) des portes-feuilles

93. Doit-on écrire :
A) si j'avais su je serais venu
B) si j'aurais su je serais venu
C) si j'aurai su je serai venu
D) si j'avais su je serai venu

94. "Un oiseau de mauvaise augure" est-ce :
A) un oiseau au plumage fade
B) un homme bizarre
C) un mauvais présage
D) un animal vivant dans les eaux sales

95. Quelle (s) est (sont) la (es) bonne(s) proposition(s)?
A) Quoi qu'il fasse, il ne sera jamais entendu.
B) Quoiqu'il fasse, il ne serait jamais entendu.
C) Quoiqu'il a fait, il ne sera jamais entendu.
D) Quoi qu'il fera, il ne sera jamais entendu.

96. Que signifie : “Elle a beau faire, elle n'y arrive pas” :
A) Parce qu'il fait beau, elle n'y arrive pas.
B) Malgré tout ce qu'elle fait, elle n'y arrive pas.
C) Elle a fait un beau travail qui n'aboutit pas.
D) Elle ne parvient pas à le rendre beau.

97. Qu'est-ce qu'un autochtone?
A) un véhicule automatique
B) un homme originaire du pays
C) un aborigène
D) un arborigène
E) un indigène

98. “Honni soit qui mal y pense!” cela veut dire :
A) Qu'il soit chassé celui que ne pense pas comme moi!
B) Rejetons celui qui a l'esprit mal tourné!
C) Malheur à celui qui agit mal!
D) Attention à celui qui pense mal faire!

99. Quel est le mot manquant : “Le dira-t-on?”
A) qu'en
B) quand
C) quant
D) camp

100. Comment doit-on écrire? “Donner un .... à quelqu'un”
A) coude-pouce
B) coup de pouce
C) coup de pousse
D) coût de pousse

TABLEAU DE CORRECTION DU QCM

1	*2*	*3*	*4*	*5*	*6*	*7*	*8*	*9*	*10*
AB	**C**	**D**	**B**	**BD**	**B**	**C**	**CD**	**C**	**C**
11	*12*	*13*	*14*	*15*	*16*	*17*	*18*	*19*	*20*
BC	**ACD**	**A**	**D**	**BD**	**D**	**BC**	**ACD**	**ABD**	**ACD**
21	*22*	*23*	*24*	*25*	*26*	*27*	*28*	*29*	*30*
A	**B**	**C**	**CD**	**C**	**A**	**A**	**ABD**	**ABC**	**AD**
31	*32*	*33*	*34*	*35*	*36*	*37*	*38*	*39*	*40*
AD	**A**	**BCE**	**BC**	**A**	**BE**	**ACD**	**AB**	**ABCD**	**CD**
41	*42*	*43*	*44*	*45*	*46*	*47*	*48*	*49*	*50*
BCD	**BE**	**A**	**DE**	**BE**	**A**	**AE**	**B**	**ACE**	**AC**
51	*52*	*53*	*54*	*55*	*56*	*57*	*58*	*59*	*60*
AB	**AD**	**ACE**	**D**	**BD**	**AC**	**AE**	**AB**	**B**	**D**
61	*62*	*63*	*64*	*65*	*66*	*67*	*68*	*69*	*70*
AB	**C**	**A**	**C**	**B**	**B**	**AB**	**A**	**C**	**A**
71	*72*	*73*	*74*	*75*	*76*	*77*	*78*	*79*	*80*
A	**AB**	**BCD**	**A**	**D**	**D**	**BE**	**B**	**AB**	**C**
81	*82*	*83*	*84*	*85*	*86*	*87*	*88*	*89*	*90*
BC	**C**	**C**	**D**	**C**	**AD**	**A**	**A**	**A**	**AC**
91	*92*	*93*	*94*	*95*	*96*	*97*	*98*	*99*	*100*
B	**A**	**A**	**C**	**A**	**B**	**BCE**	**B**	**A**	**B**

COMMENTAIRE

– Un large éventail de questions portant sur la **grammaire :**
- participe passé
- subjonctif (emploi et orthographe)
- prépositions + mode, temps
- concordance des temps
- ponctuation.

– Des questions portant sur les **mots :**
- termes corrects y compris des adverbes
- termes propres (définitions, évolution du sens)

- quelques notions souvent utilisées (paranoïaque, « parano » disent les étudiants...)
- pluriels particuliers (aulx est-il le pluriel de...?)
- genre (pécuniaire est-il le féminin de...?)
- orthographe
- homonymes (un cachet officiel est-il un sceau, seau...?), synonymes, antonymes...
- quelques styles (blessipo est-il du charabia, verlan... ?).

– Des **questions portant sur des expressions :**
- que veut dire un Don Quichotte ?

– Des **phrases :**
- avec des mots à insérer
- avec des mots à éliminer
- avec des mots à corriger.

ÉPREUVE DE SYNTHÈSE

Durée : 3 heures

Il est demandé au candidat de faire la synthèse en 350 mots (avec une tolérance de plus ou moins 10 %) de l'ensemble des onze documents. Le candidats doit mettre un signe après chaque groupe de 50 mots et indiquer en fin de copie, le nombre total de mots.

Nous entendons par synthèse un texte entièrement rédigé, qui exclut toute forme de jugement ; il s'agit de redistribuer, en une démarche claire, les thèmes, arguments et exemples autour d'un axe clairement défini en introduction.

Nous attirons l'attention du candidat sur :

- les qualités d'orthographe, de rédaction et de liens logiques entre les différentes parties,
- le défaut grave qui consisterait à confondre synthèse de documents et résumés successifs.

NB : Faire clairement référence aux articles (« Untel précise... », « Untel s'oppose à... », « Le texte 4 présente... », etc.) ne vous est pas demandé.

COEFFICIENTS ATTRIBUÉS À CETTE ÉPREUVE		
ESSCA **2,5**	**IÉSEG** **2,5**	**IPAG** **2,5**

DOCUMENT 1

Pékin, de notre correspondante.

Décorum maximal dans la capitale chinoise pour l'ouverture officielle de la IVe Conférence des femmes sous l'égide des Nations Unies. Après Mexico en 1975, Copenhague en 1980 et Nairobi en 1985, c'est à Pékin que se réunissent cette année quelque 30 000 délégués représentant plus de 170 gouvernements, faisant de cette conférence l'une des plus importantes (avec le sommet de Rio sur l'environnement) jamais organisées au niveau mondial. Seuls cinq pays sont absents, selon l'ONU : l'Arabie Saoudite, le Cap-Vert, la Dominique, la Grenade et Palau. La Yougoslavie et la Somalie n'ont pas été invitées.

La conférence, qui doit durer onze jours, vise à établir une plate-forme d'actions dans une douzaine de secteurs allant de la santé au statut juridique des femmes. Ce document n'aura pas de valeur contraignante. Il servira en revanche de base, après la conférence, pour organiser une convention des droits de la femme, sur le modèle de la Convention des droits de l'enfant. « Cette dernière, signée en novembre 1990 à New York, avait nécessité plus de dix années d'âpres négociations. J'espère que, pour les femmes, nous irons plus vite, car ce qui compte après tout, c'est la protection de l'être humain en général », explique maître Mame Bassine Niang, 44 ans, qui a été la première femme avocate du Sénégal, où elle préside la Ligue des droits de l'homme.

Pour l'heure, plusieurs questions sont loin de faire l'unanimité, en particulier l'avortement et la contraception. Une alliance de fait s'est ainsi formée entre le Vatican, une série de pays latino-américains catholiques et les pays musulmans conservateurs, unis contre les autres représentants. Des débats sur les concepts tels que l'égalité des droits de la femme (vote, héritage, salaire, etc.) et la protection des droits de l'homme en général opposent également les différentes délégations.

En marge de la conférence s'est ouvert depuis le 30 août un forum réunissant plus d'un millier d'organisations non gouvernementales (ONG). Ces derniers jours, les ONG ont ouvert des débats plus pointus que les questions qui seront discutées par les délégations officielles comme, par exemple, les trafics de femmes entre l'Asie du Sud (Birmanie, Thaïlande, Népal, Inde, Bangladesh, Pakistan) et le Moyen-Orient. En Chine même, 15 000 cas de femmes transformées en esclaves sexuelles ont été enregistrés en 1994. Un « tribunal des droits de l'homme » a été établi, présidé par Amnesty International; des cas précis sont rendus publics. (...)

Le principal sujet de mobilisation reste la lutte contre la montée de l'intégrisme musulman. Dimanche, une trentaine de femmes, membres d'ONG du

Maghreb, ont défilé sur le site du forum en brandissant des affiches représentant des femmes voilées, clamant leur refus de « devenir à leur tour des ombres ». Sur le trottoir, deux femmes en tchador observaient la scène, l'une d'elles pleurait. « Nous sommes iraniennes.... Je crains qu'en manifestant, nous n'obtenions rien qu'un peu plus de violence...»

Les représentants des ONG, qui avaient menacé ce week-end de boycotter la fin de la conférence en raison des problèmes logistiques et de la surveillance policière chinoise, ont finalement décidé hier de continuer leurs travaux.

La Chine avait proposé d'accueillir la IVe Conférence mondiale des femmes quelques mois après la répression de Tiananmem, alors qu'elle recherchait une reconnaissance internationale. Ce n'est qu'au début de l'année que les autorités ont apparemment réalisé que la conférence s'accompagnait d'un aréopage d'ONG et de journalistes. Craignant les « dérapages », notamment de la part des organisations de défense des droits de l'homme, le régime a décidé en avril de transporter le forum des ONG à 50 km et plus d'une heure de route de Pékin, dans la ville nouvelle de Huairou.

Plusieurs délégués ont éprouvé des difficultés à obtenir leur visa, et depuis l'ouverture du forum, les récriminations contre les tracasseries policières se multiplient. Bagages fouillés dans les chambres d'hôtel, présence de policiers en civil sur le site qui filment et photographient les intervenants. Samedi, la directrice du forum, Irène Santiago, a sommé les autorités chinoises d'améliorer la logistique et de cesser le harcèlement policier. Mais dimanche, les dirigeants du forum, profil bas, ont salué « les améliorations » réalisées et proposé leur médiation aux victimes « d'incidents ». Apparemment, l'ONU cherche à éviter tout éclat avec le gouvernement chinois. (...)

Cette énorme manifestation se déroule néanmoins dans l'indifférence et la désinformation totale de la population chinoise. Bien que près de 40 % des journalistes accrédités soient chinois (885 sur 2337), les médias locaux ont évité pour l'instant d'aborder directement le sujet. Les deux sites du forum des ONG et de la conférence sont fermés au public, et les rumeurs les plus variées circulent. La plupart des Pékinois croient dur comme fer que ces femmes plutôt bizarres viennent pour défiler nues dans la rue!...

D'après Caroline Puel,
Libération, Lundi 4 septembre 1995

DOCUMENT 2

III – Égalité professionnelle entre les femmes et les hommes (L. n. 86-685 du 13 juillet 1983)

Art. L. 123-1. – Sous réserve des dispositions particulières du présent code et sauf si l'appartenance à l'un ou l'autre sexe est la condition déterminante de l'exercice d'un emploi ou d'une activité professionnelle, nul ne peut :

a) mentionner ou faire mentionner dans une offre d'emploi, quels que soient les caractères du contrat de travail envisagé, ou dans toute autre forme de publicité relative à une embauche, le sexe ou la situation de famille du candidat recherché ;

b) refuser d'embaucher une personne, prononcer une mutation, résilier ou refuser de renouveler le contrat de travail d'un salarié en considération du sexe ou de la situation de famille ou sur la base de critères de choix différents selon le sexe ou la situation de famille ;

c) prendre en considération du sexe toute mesure, notamment en matière de rémunération, de formation, d'affectation, de qualification, de classification, de promotion professionnelle ou de mutation.

Un décret en Conseil d'État détermine, après avis des organisations d'employeurs et de salariés les plus représentatives au niveau national, la liste des emplois et des activités professionnelles pour l'exercice desquels l'appartenance à l'un ou l'autre sexe constitue la condition déterminante. Cette liste est révisée périodiquement dans les mêmes formes.

Art. L. 123-2. – Aucune clause réservant le bénéfice d'une mesure quelconque à un ou des salariés en considération du sexe ne peut, à peine de nullité, être insérée dans une convention collective de travail, un accord collectif ou un contrat de travail, à moins que ladite clause n'ait pour objet l'application des dispositions des articles L. 122-25 à L. 122-27, L.122-32 ou L. 224-1 à L.224-5.

Loi n. 83-635 du 13 juillet 1983, portant modification du Code du travail et du Code pénal en ce qui concerne l'égalité professionnelle entre les femmes et les hommes.

Art. L. 123-3. – Les dispositions des articles L. 123-1 et L. 123-2 ne font pas obstacle à l'intervention de mesures temporaires prises au seul bénéfice des femmes visant à établir l'égalité des chances entre les hommes et les femmes, en particulier en remédiant aux inégalités de fait qui affectent les chances des femmes.
Les mesures ci-dessus prévues résultent soit de dispositions réglementaires prises dans les domaines de l'embauche, de la formation, de la promotion, de l'organisation et des conditions de travail, soit en application des dispositions du 9° de l'article L. 133-5, de stipulations de conventions collectives étendues ou d'accords collectifs étendus, soit de l'application des dispositions de l'article L. 123-4.

Art. L. 123-3. – (L. n. 86549 du 2 août 1989, art. 37) – Les organisations qui sont liées par une convention de branche ou, à défaut, par un accord professionnel conclu dans les conditions prévues par les articles L. 132-1 à L. 132-17 du présent code se réunissent pour négocier sur les mesures tendant à assurer l'égalité professionnelle entre les femmes et les hommes et sur les mesures de rattrapage tendant à remédier aux inégalités constatées. La négociation porte notamment sur les points suivants :
- les conditions d'accès à l'emploi, à la formation et à la promotion professionnelle ;
- les conditions de travail et d'emploi.

Art. L. 123-4. – Pour assurer l'égalité professionnelle entre les femmes et les hommes, au vu notamment du rapport prévu à l'article L. 432-3-1 du présent code, les mesures visées à l'article L. 123-3 peuvent faire l'objet d'un plan pour l'égalité professionnelle entre les femmes et les hommes négocié dans l'entreprise conformément aux dispositions des articles L. 123-18 à L. 132-26 du présent code.
Si, au terme de la négociation, aucun accord n'est intervenu, l'employeur peut mettre en œuvre ce plan, sous réserve d'avoir préalablement consulté et recueilli l'avis du comité d'entreprise, ou, à défaut, des délégués du personnel.

Ce plan s'applique, sauf si le directeur départemental du travail ou le fonctionnaire assimilé a déclaré s'y opposer par avis écrit motivé avant l'expiration d'un délai de deux mois à compter de la date à laquelle il en a été saisi.

D'après le *Code du travail*

NB : Les articles mentionnés en italique ne sont pas utiles à la compréhension du texte.

DOCUMENT 3

Des contraintes familiales?

Pourquoi y a-t-il si peu de femmes dirigeants? Un argument courant peut être écarté d'emblée. C'est : « Attendez encore quelques années ». Le raisonnement est le suivant : les femmes n'ont commencé que très récemment à sortir des universités en nombre substantiel. En Amérique, 1980 fut la première année où les femmes ont été aussi nombreuses que les hommes à être diplômées. Dans leur trentaine aujourd'hui, ces femmes ont encore une quinzaine d'années à attendre avant d'avoir les qualités requises pour occuper les sièges des conseils d'administration. C'est vrai mais, s'il n'y avait que cela, les femmes devraient être nombreuses aujourd'hui parmi les cadres. Elles ne le sont pas. En 1989, d'après le Bureau des statistiques des États-Unis, seulement 18 % des salariés gagnant de 50 000 à 75 000 dollars par an étaient des femmes, et elles ne représentaient que 12 % des salariés gagnant plus de 75 000 dollars.

Les raisons manifestes de cette situation sont les impératifs du mariage et de la maternité. Les femmes donnent naissance à des enfants et fournissent en outre l'essentiel des efforts pour les élever. Il est notoirement difficile d'avoir un emploi exigeant, une vie sociale et de s'occuper en même temps d'une famille. « Les emplois de haut niveau sont destinés aux hommes qui ont des épouses » ajoute Lucy Heller, trésorier du groupe Booker, une société agroalimentaire britannique.

Cette difficulté apparaît clairement dans des données du British Institute of Management. Parmi ses membres, 93 % des hommes sont mariés contre seulement 58 % des femmes. Parmi les cadres dirigeants américains, à l'âge de 40 ans, 90 % des hommes ont des enfants, contre seulement 35 % des femmes. Cela signifie, bien entendu, que les autres femmes n'auront jamais d'enfants. Voilà des statistiques décourageantes pour toute jeune fille ambitieuse qui veut – comme la plupart – combiner carrière et vie de famille.

Une partie de la responsabilité revient aux employeurs. Jusque dans les années cinquante, beaucoup d'entreprises refusaient d'employer des femmes mariées, à quelque niveau que ce fût. Aussi récemment qu'en 1984, United Airlines perdit un procès pour avoir licencié toute hôtesse de l'air qui venait de se marier. Même maintenant, beaucoup d'entreprises craignent que les femmes mariées soient moins engagées dans leur travail que les hommes.

Ces entreprises ont un argument. Unilever a constaté que si la moitié des hommes diplômés qu'elle recrute quittent la société dans un délai de cinq ans, c'est à concurrence des trois quarts que les femmes le font. Une raison est que, dans un sens, les femmes ont plus de choix que les hommes dans la manière de vivre leur vie. Les hommes sont conditionnés pour le travail ; ils peuvent difficilement choisir de rester à la maison. Les femmes, pourvu qu'elles aient un partenaire qui gagne suffisamment d'argent, le peuvent. Beaucoup d'entre elles font ce choix.

Jusqu'ici, tout cela tombe sous le sens. Mais il y a une autre façon de considérer ces faits : l'intérêt que les femmes portent à leur foyer et à leur famille n'est pas seulement la cause de leur échec à réussir au travail, mais aussi le résultat de cet échec. Si les femmes ont le soupçon d'être sous-estimées dans leur travail et voient peu de perspectives de promotion, d'autres façons d'utiliser leur temps peuvent leur paraître plus attrayantes.

Une étude effectuée en 1990 par Wick, un cabinet de consultants du Delaware, sur des femmes quittant de grandes sociétés, décela que 7 % seulement voulaient absolument cesser de travailler. Les autres projetaient d'entrer dans d'autres sociétés, de travailler comme consultants indépendants, ou de lancer leur propre affaire. Lorsque BP effectua récemment un exercice analogue parmi les stagiaires diplômés, la raison principale de s'en aller que donnèrent les femmes ne fut pas le mariage ou la maternité, mais le mécontentement à propos de leurs perspectives de carrière. Dans un établissement de Johnson & Johnson, les femmes cadres qui partaient se plaignaient de s'être senties isolées de leurs collègues masculins.

D'après *Problèmes économiques*,
n° 2304, 16 décembre 1992

DOCUMENT 4

Les femmes changent, leur vote aussi.

Tout est parti de trois mots, trois petits mots dans un message du général de Gaulle à la Résistance, en 1942 : « Une fois l'ennemi chassé de notre territoire, tous les hommes et toutes les femmes de ce pays éliront l'Assemblée nationale. » « Toutes les femmes », trois petits mots qui mettaient fin à un demi-siècle de luttes, parfois violentes, en faveur du vote des femmes. Et s'il a fallu tout de même attendre l'ordonnance du 21 avril 1944 – signée à Alger par le général de Gaulle au nom du Comité français de libération nationale – pour que les Françaises soient enfin citoyennes à part entière, le tabou était brisé.

Alors que la plupart des pays européens avait accordé le droit de vote à leurs femmes dès la fin de la Première Guerre mondiale, les Françaises continuaient d'être politiquement mineures. Pas uniquement, cependant, pour cause de misogynie galopante dans les milieux parlementaires. Par quatre fois – 1919, 1925, 1932, 1935 – une proposition de loi était venue s'insurger contre ce suffrage incomplètement universel. Par quatre fois le Sénat avait rejeté l'éventualité d'un vote des femmes.

Certes, les raisons ne manquaient pas. Prétendument bonnes et assurément mauvaises : les femmes seraient trop émotives pour juger d'un élu; leur nature même les empêcheraient de rien comprendre à la chose publique; leur vote serait influencé par l'Église; leur penchant affectif pour des hommes au charisme prononcé ferait courir un grand risque à la République… (...)

Cinquante ans après, les clichés sur le vote des femmes n'ont plus cette outrance caricaturale. On a fini de prétendre qu'elles votent d'abord comme leur père, ensuite comme leur mari. Mais les surprises n'ont jamais manqué dans une analyse, sur la durée, du vote féminin. La première est venue du peu d'intérêt des femmes pour la politique. Jusqu'en 1962, elles s'abstiennent beaucoup plus que les hommes, suscitant quelques colères chez celles qui avaient choisi l'engagement.

En outre, pendant une trentaine d'années, celles qui votent ont plutôt tendance à conforter le pouvoir en place. De 1945 à 1974, ce sont les partis de droite qui bénéficieront de ce que l'on a appelé « le conformisme électoral des femmes ». Aux élections présidentielles notamment, elles sont particulièrement légitimistes et ce sont elles qui, en 1969 et 1974, provoqueront les défaites de François Mitterrand.

Ces réflexes de sécurité relèvent cependant plus de la psychologie que de la politique. Plus qu'une réelle adhésion aux partis conservateurs, ils traduisent un désintérêt ou une peur du changement. D'autant que c'est également au cours de cette période qu'apparaissent quelques constantes dans l'expression du vote des femmes. Ainsi, le refus explicite de la violence et des extrêmes explique notamment le déficit de femmes dans l'électorat du Front national et le fossé qui existe, en ce domaine, entre les deux sexes. (...)

La grande nouveauté du scrutin législatif de 1986 vient donc de l'égalisation parfaite des votes masculins et féminins entre la droite et la gauche. Et, déjà, ce rapport équilibré annonce pour les élections suivantes une nouvelle distorsion du vote des femmes, cette fois en faveur de la gauche.

D'abord parce que c'est une tendance avérée dans les autres démocraties occidentales. Ensuite parce que ce « sinistrisme » est très accentué chez les femmes jeunes, urbaines, actives et à niveau socioculturel élevé. Celles qui, notamment à travers les médias, font l'opinion publique féminine. (...)

Beaucoup d'élus de droite savent pertinemment que l'instauration d'un salaire parental, que nombre de femmes interprètent comme un risque de régression en matière d'égalité devant le travail, pourrait bien se révéler pénalisante sur le plan électoral.

Cinquante ans après son obtention, le vote des femmes deviendrait-il un véritable enjeu? Puisque le nombre d'élus femmes apporte, élection après élection, la preuve qu'elles ont échoué dans leur participation directe à la vie publique, c'est une mince consolation.

L'accession au droit de vote

Année	**Pays**
1893	la Nouvelle-Zélande
1905	le Danemark la Finlande la Suède la Norvège
1919	le Royaume-Uni l'Allemagne les États-Unis
1931	l'Espagne
1944	la France

Violaine Gelly,
La Croix – L'Événement, mercredi 9 mars 1994

DOCUMENT 5

Une sur cinq dans les écoles d'ingénieurs

Pourcentage de filles parmi les élèves des grandes écoles en 1989 :	
Écoles supérieures de commerce (ESC)	50.5
Sup de Co Paris	43.5
Écoles d'ingénieurs agro	41.9
École Normale Supérieure	36.5
Éssec	35.6
HEC	35.4
Écoles d'ingénieurs physique-chimie	31.3
Université technologique de Compiègne	22.7
Écoles d'ingénieurs :	
Électricité/Électronique	13.3
TP/Mines/Géologie	11.8
Mécanique/Métallurgie	10.8
Techniques industrielles	9.9

Elles progressent lentement

Pourcentage de femmes parmi les cadres :

	1988	**1990**
Digital/Équipement	15.2	16.3
Bull	13.8	15.4
Snecma	11.1	13
Thomson-CSF	9.5	11.9
Aérospatiale	9.3	11.2
Merlin Gérin	7.5	9.1
Citroën	7.6	9.1
L'Air liquide	7.4	8
Peugeot	5	6.7
CEG-Alsthom	5	6.7
Valéo	5.5	6.6
Télématique	5.6	6.4

De la protection à la non-discrimination

1892	interdiction du travail de nuit des femmes ;
1907	institution du congé maternité de huit semaines ;
1920	les femmes peuvent adhérer à un syndicat sans l'autorisation de leur mari ;
1924	équivalence entre les baccalauréats féminins et masculins ;
1925	création de l'École polytechnique féminine ;
1966	les femmes peuvent exercer une activité professionnelle sans l'autorisation de leur mari ;
1971	le nombre de bachelières devient supérieur à celui des bacheliers ;
1972	mixité de l'École polytechnique ;
1975	loi interdisant la discrimination sur le sexe à l'embauche ;
1976	mixité d'HEC ;
1983	loi sur l'égalité professionnelle ;
1992	le 26 février, la France dénonce la convention de l'Organisation internationale du travail interdisant le travail de nuit des femmes.

Violaine Gelly
La Croix – L'Événement, mercredi 9 mars 1994

DOCUMENT 6

La longue course des femmes pour atteindre les sommets

C'est une tradition depuis 1982. Pour célébrer la journée internationale de la Femme, fixée chaque année au 8 mars, le Premier ministre organise une réception à l'intention de certaines d'entre elles. (...)

Les dirigeantes d'entreprise étaient bien mal représentées hier à cette fête. Non pas qu'elles n'aient pas été invitées. Elles n'existent pas. Ou si peu.

« Les femmes sont totalement exclues des conseils d'administration : c'est une erreur, d'abord pour les entreprises », regrette Claude Egnell, directrice de Cléas, cabinet de recherche de cadres dirigeants. « Dans les états-majors des cinquante plus grands groupes français, les femmes se comptent littéralement sur les doigts d'une main », poursuit Bénédicte Bertin-Mourot, chercheur au CNRS et auteur avec Michel Bauer de plusieurs recherches sur les dirigeants. (...) Dans les dix premiers groupes du pays, elles représentent 1,6 % des 200 cadres les plus hauts dans la hiérarchie.

Les entreprises dont les clients sont en majorité des clientes sont, elles aussi, dirigées par des hommes. La femme la plus gradée des Galeries Lafayette a le rang de sous-directeur. Et la publicité de l'Oréal pour le shampooing Elsève où une jeune et jolie femme anime un comité de direction n'a pas été inspirée par la réalité. Le conseil des vice-présidents de Lindsay Owen-Jones est exclusivement masculin. Une situation regrettée d'ailleurs par l'Oréal qui affirme vouloir y remédier le plus vite possible. Ils sont de plus en plus nombreux, les dirigeants qui expriment un tel souhait. Devant ses top managers réunis à Venise, Euan Baird, PDG de Schlumberger, a conclu en s'assignant pour objectif que « la prochaine fois, il y ait plusieurs femmes ».

Les contre-exemples existent, certes. Leur mise en valeur dans les médias ne doit cependant pas tromper sur l'ampleur du phénomène. « Dans l'histoire, il y a toujours eu des femmes qui ont réussi à force d'acharnement, commente Concetta Lanciaux, conseiller du président, chargée des ressources humaines chez LVMH-Financière Agache. Mais leur comportement est atypique. Quand j'ai quitté ma petite ville d'Italie du Sud pour faire un MBA aux États-Unis, j'ai créé un choc. Là-bas, ils en parlent encore. » (...)

Pour avoir une chance d'accéder à un poste à responsabilité, les filles ont à leur disposition, depuis une vingtaine d'années, une filière plus sûre bien qu'extrêmement sélective : les grandes écoles. À l'exception des écoles de chimie qui ont joué les précurseurs dès 1920, la plupart d'entre elles sont passées mixtes dans la décennie 70. Très vite, dans les écoles de gestion, la part des filles est devenue importante, pour atteindre près de la moitié des diplômés aujourd'hui. Le mouvement a été de plus faible ampleur dans les écoles d'ingénieurs, puisqu'elles y sont à peine 20 %. (...)

L'attitude des grandes entreprises vis-à-vis du recrutement de femmes cadres a pourtant considérablement évolué. La preuve : leur proportion dans l'encadrement a progressé dans la quasi-totalité des grandes entreprises. Partout, on affirme ne faire aucune discrimination à l'embauche. Plus hardis, certains patrons expliquent même qu'à niveau égal ils privilégient une candidate. Des poches de résistance subsistent toutefois dans la hiérarchie. Motif le plus souvent invoqué : la crainte de l'absence maternité. Chez Schlumberger, Philippe Canacettes, directeur du personnel, estime plutôt que le principal handicap à l'ascension des femmes est leur manque de mobilité. C'est encore la femme qui suit son conjoint et très rarement l'inverse.

Malgré tout, l'apparition au cours des dernières années de quelques femmes directeurs peut laisser espérer qu'elles ne sont plus très loin du sommet. En examinant de plus près les postes qu'elles occupent, on n'en est plus très sûr. Car elles sont extrêmement concentrées dans quelques fonctions, essentiellement les ressources humaines et la communication. Dans le répertoire des 1 200 principaux responsables du groupe Alcatel-Alsthom en France, on recense 12 femmes directeurs. Dont la moitié sont chargées de la communication ou des ressources humaines. Des fonctions qui mènent rarement, pour ne pas dire jamais, à la direction générale.

À la recherche d'un impossible équilibre

Les femmes ingénieurs s'orientent tout aussi rarement vers des directions opérationnelles. Douze ans après avoir décroché leur diplôme, une majorité des 18 centraliennes en activité de la promotion 1980 sont ainsi ingénieurs de recherche ou d'études. « Les femmes font une erreur en s'engouffrant dans des métiers et des secteurs déjà féminisés », affirme Jean-François Drouot-L'Hermine.

Mais la désaffection pour les postes opérationnels tient d'abord à un problème aussi majeur qu'éternel : la difficile compatibilité de telles fonctions avec une vie familiale. Bien que les journaux féminins raffolent des histoires de ces « super-femmes » qui, une fois pour toutes, ont réussi à tout concilier, la réalité est un peu plus complexe. « Il y a deux cas. Celles qui ont décidé de réussir coûte que coûte. Elles se débrouillent, quitte à sous-traiter l'éducation de leurs enfants. Les autres essayent, tant bien que mal », constate Joëlle Freyere, associée chez le chasseur de têtes Amrop International Manorga.

Les responsables des services carrières des grandes écoles connaissent bien ces situations. « Les jeunes femmes de 35 ans sont à une étape de leur carrière où on leur propose un nouveau job pour lequel il faudra investir, se déplacer. À un moment où, justement, certaines voudraient plutôt mettre la pédale douce, profiter de leurs enfants avant qu'il ne soit trop tard », raconte Françoise Blot, de l'Association des anciens HEC. (...)

Certaines entreprises ont décidé de ne plus fermer les yeux face à ces problèmes. « Il est tout à fait envisageable d'aménager le temps de travail des femmes, y compris des cadres », affirme Volker Büring, directeur général des ressources humaines d'Accor. L'entreprise de vente par correspondance La Redoute le prouve : à Roubaix, une des deux femmes directeurs travaille selon un horaire aménagé.

« Les tendances démographiques font qu'à moyen terme l'offre de travail va se rétrécir. Nous ne pouvons nous priver de 50 % de la population active », poursuit Volker Büring. Avec son programme « Promouvoir l'égalité des chances ». Roussel-Uclaf se place sur un autre plan résumé par cette citation de Stendhal figurant en exergue d'une brochure destinée au personnel : « L'admission des femmes à l'égalité parfaite serait la marque la plus sûre de la civilisation, elle doublerait les forces intellectuelles du genre humain et ses probabilités de bonheur. » Manifestement, ces entreprises sont convaincues que l'ascension des femmes aux postes de dirigeants ne se fera pas de façon naturelle et spontanée, et donc sans action volontariste.

Faut-il aller jusqu'à créer des passe-droits pour les femmes? Outre-Atlantique, de nombreuses grandes firmes parmi lesquelles ATT, Digital, Avon ont ainsi mis en place des « fast track », sortes de carrières accélérées pour les femmes à fort potentiel. Les intéressées peuvent alors franchir les échelons hiérarchiques plus rapidement que leurs collègues masculins présentant les mêmes qualités. Mais, à ce jour, les Américaines ne sont guère plus présentes que les Françaises dans les états-majors.

Sylvie Bommel
***L'Usine nouvelle*, n° 2354,** 5 mars 1992

DOCUMENT 7

Les femmes plus souvent au chômage

Les déterminants de la montée continue de l'activité féminine ont été particulièrement puissants. En effet, même si les créations d'emplois depuis 1973 ont essentiellement concerné les femmes, le taux de chômage de celles-ci reste constamment supérieur à celui des hommes (13,3 % contre 9,6 % en mars 1993). Pour les jeunes femmes, l'insertion sur le marché du travail est particulièrement difficile. Ainsi parmi les moins de 25 ans, 31,1 % des actives contre 24,7 % des actifs sont au chômage au 31 décembre 1993.

L'écart entre le taux de chômage des hommes et celui des femmes s'atténue avec le niveau de diplôme. Il atteint 6 points parmi les non-diplômés alors qu'il est inférieur à 1 point pour les diplômés du supérieur en 1993.

Au sein de chaque catégorie socioprofessionnelle, les femmes sont en proportion davantage touchées que les hommes par le chômage (voir tableau). L'écart est particulièrement net pour les ouvriers où le taux de chômage atteint 20,1 % pour les femmes contre 12,8 % pour les hommes. En effet, les femmes ouvrières dans l'industrie travaillent principalement dans l'industrie textile, secteur particulièrement touché par les suppressions d'emplois, alors que les hommes sont davantage dispersés au sein de l'industrie.

Mais, plus les professions sont féminisées, plus l'écart de taux de chômage se réduit, voire s'inverse. Ainsi chez les ouvriers qualifiés, le chômage atteint proportionnellement autant les hommes que les femmes ; parmi les employés administratifs d'entreprise ou ceux appartenant au personnel de services directs aux particuliers, les hommes sont même, en proportion, davantage touchés par le chômage. D'une manière générale, pour une profession donnée, c'est le sexe le moins représenté qui est relativement le plus au chômage. Plus le marché du travail est spécifiquement masculin ou féminin, plus il semble difficile à l'autre sexe de trouver un emploi.

Contrairement au chômage féminin qui a augmenté de façon continue, le chômage masculin est plus sensible aux aléas de la conjoncture. Il tend à rattraper celui des femmes en période de forte croissance du chômage, notamment en 1984 et 1992 ; il diminue davantage en période de reprise de l'activité, en particulier entre 1987 et 1989. Les activités économiques masculines sont davantage exposées aux mouvements conjoncturels tandis que les femmes occupent des emplois dans des secteurs plus protégés (services non marchands, services aux particuliers....).

Taux de chômage des femmes et des hommes par catégorie socioprofessionnelle, en pourcentage

	Taux de chômage en mars 1993	
Catégorie socioprofessionnelle	***hommes***	***femmes***
Agriculteurs exploitants	0.5	0.8
Artisans, commerçants, chefs d'entreprise	4.2	5.1
Cadres et professions intellectuelles sup.	4.5	5.6
Professions intermédiaires	5.5	6.2
Employés	11.4	14.7
Ouvriers	12.8	20.1
Total	**9.6**	**13.3**

***Insee Première,* n° 324,** Juin 1994

DOCUMENT 8

Acceptées au sein de l'école depuis 1973, les filles de HEC sont aujourd'hui aussi nombreuses que les garçons. Mais, une étude le prouve, les anciennes font de moins belles carrières que leurs compagnons.

Les garçons cèdent du terrain. Ils étaient 219 à intégrer HEC en 1973, année de l'ouverture aux filles de la prestigieuse école de Jouy-en-Josas. Vingt ans plus tard, ils ne sont plus que 196. Or, entre-temps, la taille des promotions est passée de 249 à 355.

« À HEC, l'accroissement très important de la taille des promotions s'est fait exclusivement au profit des filles », commente Henri Tézenas du Montcel, le patron du groupe. Certains s'en effraient, réclamant un accroissement supplémentaire des effectifs pour lutter contre « l'effet d'éviction » des garçons.

De là à suspecter l'école de féminisme excessif, il n'y a qu'un pas.... Mais, bizarrement, HEC est également soupçonnée de misogynie. Des rumeurs alarmistes circulent, selon lesquelles les filles sont pénalisées à l'oral du concours. On a même parlé de « quotas ».

Pour en avoir le cœur net, le groupe HEC vient de réaliser une importante étude sur l'insertion professionnelle des diplômées. Objectif : comparer la destinée des femmes à celle de leurs compagnons nantis des mêmes peaux d'ânes.

Sont-elles, oui ou non, victimes de discriminations, et quand? Font-elles les mêmes choix de carrière? Ont-elles les mêmes responsabilités, les mêmes salaires? Pour le savoir, 1 000 filles et 1 000 garçons diplômés entre 1976 et 1993 ont été interrogés. Les 971 questionnaires traités ont été complétés par des entretiens individuels approfondis et par une étude quantitative menée à partir des annuaires d'anciens élèves. Première constatation : si discrimination à l'égard des filles il y a, elle ne commence pas à l'école. Actuellement, les filles constituent 45 % des admissibles et 45 % des admises à HEC. Pour Henri Tézenas du Montcel, la féminisation des promotions va encore s'accentuer. « Les filles les plus performantes des séries scientifiques allaient jusqu'ici dans les écoles d'ingénieurs. Elles s'aperçoivent que les débouchés y sont moins compatibles avec des vies de femme que ceux des écoles de commerce.

La deuxième conclusion de l'étude fera définitivement taire bien des préjugés. Une jeune fille ne fait pas HEC pour passer le temps intelligemment avant de trouver un mari, ni même pour se préparer à un poste d'assistante améliorée, dans la perspective d'un salaire d'appoint. Les «HECettes » épousent certes fréquemment leurs camarades de promo (un tiers sont mariées avec un ancien!) mais elles sont actives à 89 %. Seulement 0,4 % des interrogés, n'ont jamais travaillé. Quand elles s'arrêtent, durant de courtes périodes de congé parental ou de maternité, c'est pour reprendre ensuite le collier. Mais la majorité d'entre elles cherchent à concilier vie personnelle et vie professionnelle, rejetant unanimement le modèle de la superwoman. Les femmes cadres choisissent donc des métiers et des postes compatibles avec une vie de famille : le marketing plutôt que la finance, la fonction publique plutôt que les PME, les entreprises franco-françaises plutôt que les grandes firmes susceptibles de les envoyer en mission à l'étranger.

Le troisième grand enseignement de l'enquête est que les anciennes élèves d'HEC font de moins brillantes carrières que leurs compagnons. Elles accèdent bien moins souvent qu'eux à des postes de direction générale et ont en moyenne beaucoup moins de collaborateurs sous leur responsabilité. Cela se reflète évidemment dans leurs rémunérations (voir graphique). Toutes promotions confondues, elles ne sont que 12 % à gagner plus de 500 000 francs par an, ce qui est le cas pour le tiers des hommes. Le décalage de rémunération est cependant moins grand pour les promotions les plus récentes. Reste à savoir si ces femmes censurent elles-mêmes leurs ambitions professionnelles pour préserver leur vie familiale, ou si les employeurs font preuve d'une véritable discrimination à leur égard. L'enquête quantitative ne tranche pas, mais les entretiens approfondis sont sans ambiguïtés. « Rien n'est fait pour faciliter la vie de la femme cadre qui désire avoir des enfants », se plaignent les anciennes de HEC. Ainsi, 8 % seulement travaillent à temps partiel, alors que 50 % le souhaitent, la plupart du temps sans oser le demander, car ce type de choix aboutirait, selon elles, à une « mise au placard ». Conclusion d'Henri Tézenas : « l'institution la plus misogyne n'est pas l'école, mais bien l'entreprise».

STRUCTURE DE RÉMUNÉRATION ACTUELLE DE PROMOTIONS HEC (1976 - 1980)

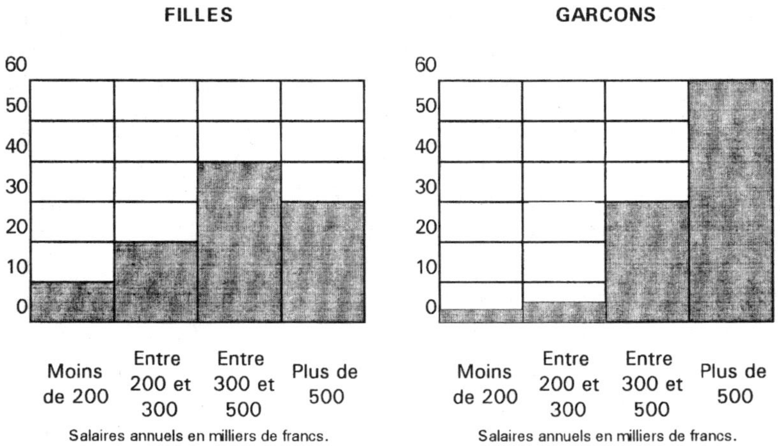

Après vingt ans de carrière, l'écart de rémunération se creuse entre diplômés et diplômées de HEC : 30 % des filles sorties de l'école entre 1976 et 1980 gagnent aujourd'hui plus de 500 000 francs par an contre 61 % des garçons.

Dominique Michel,
Le nouvel économiste, **n° 955,** 22 juillet 1994

DOCUMENT 9

Et si la langue française elle-même était sexiste?

Depuis Ferdinand de Saussure, les linguistes sont d'accord pour affirmer que les usagers voient le monde à travers leur langue et que, de ce fait, les Francophones ont, du réel qui les entoure, une vision différente de leurs voisins anglophones, hispanophones, germanophones ou autres....

Le linguiste Georges Mounin allait même jusqu'à déclarer que « les usagers sont condamnés à voir le monde à travers le prisme de leur langue. »

Sommes-nous véritablement influencé(e)s dans notre vision des choses, dans nos idées, dans notre système de valeurs par la langue que nous utilisons quotidiennement, mais qui n'est, après tout, qu'un moyen de communication pratique?

Cela vaut sans doute la peine d'y réfléchir en cette « journée des femmes » (à quand une « journée des hommes »?)...

De fait, qu'adviendrait-il si la langue que nous connaissons, que nous utilisons, nous amenait à véhiculer des valeurs contraires à ce pour quoi nous nous battons par ailleurs? Serait-ce possible que notre outil de communication quotidien nous trompe? Serait-ce plausible que dans un pays développé comme le nôtre, la place de la femme soit encore si dissemblable de celle de son compagnon par le simple fait de la langue française ?

Que d'autres pays considèrent la place de la femme comme nous la voyions « chez nous » il y a quelques années, cela ne nous choque pas, bien au contraire, nous sommes fières (fiers ?) de cette évolution...

De fait, lorsque l'on se rend compte qu'un même terme est utilisé dans une certaine langue pour traduire le terme de « la femme » et l'adjectif « courbé » cela ne nous étonne pas. Dans ces civilisations on comprend le rôle de la femme à la fois comme « courbée » sous le poids des travaux mais également comme « courbée » en signe de soumission...

Qu'une langue « idéographique » amalgame la représentation graphique de « l'épouse » et celui de « la femme qui tient le balai », nous révolte certainement « quelque part », mais tout cela se passe loin de nous, dans des pays si différents du nôtre, dans des civilisations dont les valeurs intrinsèques n'ont pas grand chose à voir avec celles prônées en France...

Mais, qu'en est-il de notre « prisme » à nous ?

Examinons quelques exemples simples, quotidiens de notre langue, à savoir : un exemple de grammaire et des exemples de vocabulaire...

La grammaire française

Si nous faisions une enquête sur la règle de grammaire préférée des petits garçons francophones, celle pour laquelle ils ont le moins de difficultés d'apprentissage, gageons que ce serait celle qui régit les accords entre le féminin et le masculin. Comme chacun l'a appris dans sa plus tendre enfance, « le masculin l'emporte sur le féminin »... Il est d'ailleurs à remarquer que les petits garçons francophones ont une très nette tendance à « adapter » quelque peu la règle en la transformant en : « le masculin remporte sur le féminin »...

Quoi de plus antidémocratique que cette règle établie, inlassablement répétée aux générations d'écoliers qui ont, ipso facto et dès leur plus jeune âge, une vision de la réalité déjà plus qu'orientée ?

Si l'on se trouve devant un public composé d'une centaine de femmes ou de filles et quelques unités d'hommes ou de garçons, il est toujours très gênant de s'adresser à cet aréopage... au masculin...
Ne pourrait-on pas avoir le choix de faire fonctionner « la loi du nombre » ?

Le vocabulaire français

Chez nos voisins de Grande-Bretagne, les usagers de la langue de Shakespeare différencient « man » et « husband » tout comme ils font une différence entre « woman » et « wife ». De la même façon, un enfant sera désigné comme étant « a boy » s'il est du sexe masculin et « a girl » s'il s'agit d'une fille. Mais, si le locuteur veut parler de la relation de cet enfant dans le champ sémantique de la famille, il aura recours à deux vocables distincts : « son » pour le fils et « daughter » pour sa sœur.

En revanche, en France, si l'on veut parler d'enfants, le choix peut être fait entre : « c'est un garçon » et « c'est mon fils » mais, une enfant de sexe féminin ne pourra jamais être désignée que sous le terme de « fille », que cela souligne le lien de parenté ou non.

Cela ne change pas la face du monde, bien sûr... quoique...

Une femme parlant de la personne qui partage sa vie dira qu'il est son « mari ». Ce terme est différent de celui qui le distingue de l'état « d'homme ».

Comment, à l'inverse, un homme peut-il présenter la personne qui partage sa vie? Il n'a d'autre solution que de préciser : « Ma femme ».
Il n'existe, en effet, point de différence entre le terme qui « correspond » à « homme » et celui qui s'apparente à « mari »...

Nous ne tirerons pas de conséquences hâtives de cet état de fait et nous n'irons pas jusqu'à penser qu'il ne peut y avoir de femme que mariée, mais...

Que dire d'autre sur l'aspect lexical de notre langue? Il n'est qu'à se reporter quelques mois en arrière pour se souvenir de la perplexité des journalistes devant annoncer que l'on avait libéré le capitaine Prieur puisqu'il –elle– était enceinte!

De la même façon, comment ne pas nier plus explicitement le rôle des femmes dans la vie publique, et en particulier politique, en ne donnant pas aux usagers la possibilité de nommer les femmes accédant à des postes dits « de prestige »?

Madame Édith Cresson est le Premier ministre de la France, Madame Martine Aubry est le ministre du Travail.... quant à Madame d'Ornano, elle est le maire de Deauville....

Lors des essais de féminisation des noms de métiers sous la tutelle de Madame le Ministre Yvette Roudy, Madame Benoîte Groult (chargée de présider la commission ministérielle de terminologie) regrettait d'être obligée de se définir comme « un auteur » ou encore « un écrivain » ce qui ne fait pas véritablement féminin... Il est assez difficile d'expliquer ce que « écrivaine » aurait de plus repoussant que « châtelaine », ou « souveraine »!

Rappelons là ce propos la phrase d'Auguste Comte qui n'hésitait pas à écrire : « Les femmes et les prolétaires ne peuvent ni ne doivent devenir des auteurs pas plus qu'ils ne le veulent.» (*sic*)

Alors, que faire? Comment remédier à cet aspect tellement phallocratique de notre moyen de communication privilégié?

Certains essais ont été faits, de demander à « l'homme (!) de la rue » comment il féminiserait les noms de métiers tels « docteur, médecin, professeur et autre pharmacien ». La réponse était bien souvent la même, à savoir qu'aucun terme ne semblait convenir tellement habitué(e)s que nous sommes à n'en pas connaître...

Pourquoi ne pas utiliser « professeuse » puisqu'il existe d'autres noms de métiers qui se féminisent ainsi. On dit par exemple : un coiffeur et une coiffeuse, ou encore un chanteur ou une chanteuse...

Non, la « vox populi » dont on dit qu'elle est la « vox Dei » ne se satisfait pas de ce féminin qu'elle trouve par trop peu euphonique. Pourquoi ne pas essayer « profesrice » puisque l'on dit « un instituteur » et « une institutrice »?

Là encore le commun des mortels francophones ne s'en trouve pas satisfait!

On ne peut pourtant pas arguer ici de la moindre représentation féminine dans ce corps de métier!

Les élèves et les étudiants ont, quant à eux, trouvé une solution au problème, qui consiste à utiliser une abréviation changeant le terme masculin « professeur » en en faisant un terme épicène « le prof » ou « la prof »...

Mais, la civilisation évolue en laissant à la langue ses fantasmes anciens. Tous les métiers qui étaient il y a bien longtemps réservés aux hommes, (tout simplement parce que la civilisation ne comprenait pas que les femmes travaillent « à l'extérieur » (sic) sont actuellement ouverts aux femmes. Un ouvrage ne démontre-t-il pas, chiffres à l'appui, que les filles ont dans l'ensemble de meilleurs résultats scolaires que leur compagnons masculins? Sans doute serait-il temps que nos concitoyens, hommes ou femmes, enregistrent l'évolution sociale de notre pays et la traduisent non seulement dans les faits mais aussi dans leur langue.

Oui, notre langue est effectivement bien policée, mais elle n'en est pas galante pour autant...

Béatrice Pothier,
Actes du colloque, *Les femmes dans l'entreprise*,
Angers, Mai 1990

DOCUMENT 10

Je lisais, tranquille, mon *Monde* du 7 mars dans le train et, en le parcourant, j'ai eu l'impression bizarre qu'on n'y parlait que d'hommes.

Qu'il n'y avait pas un seul article sur une femme ou sur un problème de femmes. Qu'on ne faisait parler aucune femme et qu'enfin ça manquait pour le moins de femmes. Je parle des femmes, vous savez, les choses qui font la moitié de la population mondiale (ha, ha!).

Pour en être sûre, je l'ai épluché plus attentivement, et le voyage m'a paru très court. Ça, c'est l'intérêt.

Bon, vous avez pas mal de signatures féminines, c'est vrai. Mais après vérification, il n'y a rien, absolument rien, qui nous concerne directement.

Aucune citation d'une femme politique, aucun article sur une sportive ou sur une artiste. Ce n'est pas que les choses du monde ne m'intéressent pas, puisque je suis une lectrice du *Monde*, et les histoires d'hommes sont tout à fait passionnantes, mais tout de même : pas une seule phrase, pas une seule opinion venant d'une femme, c'est too much!

Nicole Verrechia
Correspondance
Le Monde, 5 juillet 1995

DOCUMENT 11

D'après *La voix du Nord,*
18 mars 1996

CONSEILS POUR L'ÉPREUVE DE SYNTHÈSE

Cette épreuve est un exercice difficile auquel il faut s'entraîner si l'on veut avoir quelques chances de le réussir. Il ne s'agit ni d'un résumé, ni d'un commentaire. Le fond et la forme présentent des difficultés qui, si elles ne sont pas surmontées, peuvent entraîner une évaluation rédhibitoire pour la réussite au concours.

I – LES QUESTIONS DE FOND

Le candidat se trouve dans la situation d'un collaborateur devant rendre compte à son supérieur d'une série de textes portant tous sur le même sujet, de la façon la plus exacte et la plus concise possible. La synthèse est un équivalent économique de la dizaine de pages présentée.

Rapport exact, la synthèse ne doit rendre compte que de ce qui se trouve dans les textes, en excluant tout apport personnel. Tous les documents doivent prendre leur place, qu'il s'agisse de textes, de tableaux, d'éléments iconographiques ou autres.

Rapport concis dont le nombre de mots indiqué doit impérativement être respecté. Tout manquement à la règle est très sévèrement pénalisé. La synthèse doit comporter :
- une introduction qui annonce le sujet et le plan, elle ne doit pas être trop longue et doit éviter de traiter d'un point repris par la suite ;
- un développement qui reprend les divers documents en les présentant de façon logique. Chaque idée doit être reliée à la précédente par des éléments permettant l'enchaînement d'une part et une lecture agréable et suivie d'autre part. Le numéro du document ou les auteurs ne doivent pas apparaître dans le corps de la synthèse. Tous les documents doivent trouver leur place de façon liée et harmonieuse ;
- une conclusion qui reprend le thème et les éléments essentiels du sujet. Elle peut – ou non – ouvrir la problématique sur une question plus vaste.

II – LES QUESTIONS DE FORME

Là, également, l'entraînement à l'épreuve paraît indispensable. Il est évidemment demandé d'écrire dans un français correct qui inclut le bon maniement des éléments de coordination, des temps des verbes, de la signification des termes employés et de l'orthographe.
Lorsqu'une copie de synthèse est bien rédigée, la personne qui la voit doit pouvoir en lire le plan au premier coup d'œil. Cela signifie une bonne gestion des paragraphes.
Il est également recommandé de porter attention à la calligraphie. Il n'est rien de plus désagréable pour le lecteur que de « buter » sur les mots et de se poser la question de savoir ce que le candidat a voulu écrire. Cela pénalise l'auteur de la synthèse, ne serait-ce que parce que le fil conducteur du travail se trouve à tout moment interrompu par la recherche de sens…
Une synthèse requiert de la part de son auteur :
- une lecture efficace,
- la capacité de repérer une problématique,
- une bonne organisation de la pensée,
- une excellente connaissance de la langue, tant au niveau de la compréhension que de son maniement et de son orthographe.

III – LES ÉLÉMENTS DU CORRIGÉ

A) Domaines d'évaluation

■ ***Traitement de l'information***

Dans ce sujet, trois grandes questions sont soulevées, un grand nombre d'arguments y répondent :

- Quelles sont les causes du phénomène?
- Quel est le degré de gravité des conséquences?
- Existe-t-il des solutions?

À chaque fois il faut tenter de classer l'argument dans l'une des quatre catégories suivantes :
- constat
- causes
- conséquences
- solutions

■ ***Structuration du plan***

Trois points contribuent à l'appréciation :
- l'introduction doit être courte, poser la problématique et annoncer la logique de la démarche;
- le développement s'articule autour de l'enchaînement des idées et des paragraphes. Un début de paragraphe doit annoncer le thème développé, une fin de paragraphe montre que l'idée a été entièrement traitée;
- la longueur d'un paragraphe est proportionnée à l'importance du thème en question.

■ ***Formalisation***

Trois critères sont pris en compte :
- le style doit être à la fois précis dans l'usage du vocabulaire et concis dans la présentation;
- l'appréciation de celle-ci tient compte du soin apporté à la copie, de la lisibilité du texte et du respect de l'orthographe;
- le respect des indications relatives au nombre de mots entre dans l'évaluation.

B) Un exemple de bonne copie

La multiplication des mesures en faveur de l'égalité homme-femme traduit de nos jours, la volonté manifeste «d'équité sexuelle». Cependant, en dépit des progrès effectués, les disparités demeurent importantes.

La conférence de Pékin ainsi que la pluralité des événements médiatiques attestent éminemment du souhait commun de réhabiliter le statut de la femme. L'étoffement du code du travail et l'importance du vote féminin sont d'efficaces outils démocratiques pour juguler les discriminations. Ainsi, les prémices d'une convention des droits de la femme entendent légitimer la place de celle-ci au sein de toutes sociétés. L'instauration quasi systématique de la mixité, l'émancipation du comportement féminin ainsi que l'évolution croissante de l'ascension professionnelle sont les preuves tangibles des efforts réalisés.

Loin d'être une réussite unanime, ce processus d'égalisation demeure superficiel et bien incomplet.

Statistiques et «relevés de faits» démontrent explicitement les imperfections des remèdes appliqués. La «sous représentation» féminine aux postes dirigeants ainsi que l'absence flagrante de celles-ci dans les séries scientifiques restent, dans nos sociétés actuelles, des «lieux communs» irréfutables. La propension féminine au chômage et les divergences de rémunérations creusent davantage le clivage homme-femme. La raison première de ces inégalités est le double statut imposé à la femme. En effet, l'impératif familial et l'aspiration à travailler restent encore difficilement compatibles. Cependant, se limiter à ce simple constat des choses, serait se méprendre sur les causes profondes des disparités existantes. Ainsi, le mécontentement dans le travail et l'isolement professionnel sont d'autres motifs à la cessation d'activité. Loin de vouloir toutes incarner la «parfaite maîtresse de maison», les femmes désirent réellement mener une carrière professionnelle attrayante. Il semblerait dès lors, que l'origine profonde des inégalités, réside dans «l'ostrascisme» ou dans les réticences des entreprises. À ces origines multiples, la langue française serait selon F. de Saussure, un moteur supplémentaire à la discrimination.

Certes, le bilan n'est nullement négatif. Cependant, il faut garder à l'esprit que les résultats demeurent mitigés. Un volontarisme plus grand de la part du monde professionnel serait peut-être la panacée de ce constat inique. Ainsi, comme se le figurait Stendhal :«L'admission des femmes à l'égalité parfaite serait la marque la plus sûre de la civilisation, elle doublerait les forces intellectuelles du genre humain et ses probabilités de bonheur».

ÉPREUVE DE MÉMORISATION ET COMPRÉHENSION

Durée : 1 h 30

Lisez attentivement les instructions suivantes avant de vous mettre au travail :
L'épreuve est divisée en deux parties au déroulement identique. Elle comprend deux sections composées chacune de trois textes et d'une série de 36 questions (12 questions sur chaque texte).
Vous disposez de :

- **25 mn** pour étudier les trois textes, **vous pouvez annoter ou surligner directement sur le sujet.**
- **20 mn** pour répondre aux questions qui s'y rapportent **sans possibilité de relire les textes.** Ces questions servent à déterminer dans quelle mesure vous pouvez retenir les points essentiels et les détails significatifs de vos lectures.

Vous ne devez ni commencer à lire les textes, ni répondre aux questions avant le signal qui vous sera donné à chaque fois par le surveillant. Répartissez votre temps entre les trois textes de manière à avoir tout lu à la fin des vingt-cinq minutes consacrées à la lecture.
Pour chaque question de cette épreuve, vous seront proposées 5 réponses (réponse A, réponse B, réponse C, réponse D, réponse E). Pour chaque question, **il peut y avoir plusieurs réponses justes (au moins une).**
Vous vous servirez de la feuille jointe pour indiquer vos réponses en noircissant les cases situées au-dessus des lettres correspondantes.

ATTENTION : si vous désirez modifier votre première série de réponses à une question, **ne raturez pas,** mais indiquez votre nouvelle série de réponses sur la ligne de correction prévue à cet effet.
Exemple : vous souhaitez répondre B et C, puis après réflexion B et D.

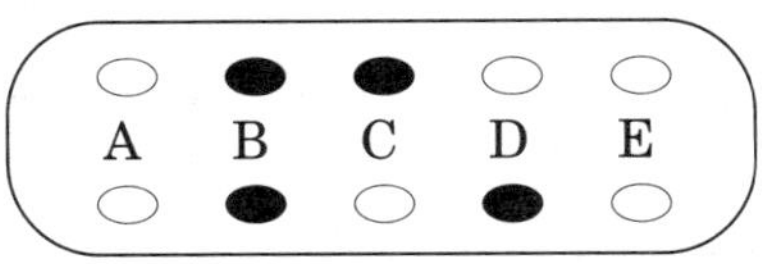

← Votre 1re réponse

← Votre correction

COEFFICIENTS ATTRIBUÉS À CETTE ÉPREUVE		
ESSCA **1,5**	**IÉSEG** **1,5**	**IPAG** **1,5**

PREMIÈRE PARTIE

TEXTE 1

L'eau constitue la ressource la plus abondante sur la planète puisqu'elle recouvre environ 71 % de sa superficie représentant un volume de 1 400 millions de kilomètres cubes. Mais 98 % de ce volume ont une teneur en sel trop élevée pour être consommés comme eau potable ou être utilisés pour l'irrigation.

La croissance démographique, les besoins croissants des pays industrialisés, les aléas climatiques exacerbent le caractère vital de l'eau qui est devenue un enjeu économique et donc un enjeu de politique nationale ou internationale.

Dans le contexte d'une inégale répartition des disponibilités de la ressource et d'un accroissement incessant de la demande, l'eau apparaît de plus en plus comme une donnée stratégique génératrice de situations conflictuelles entre États. Or celles-ci, en l'absence d'une véritable législation internationale, demeurent largement dominées par les rapports de force. Un milliard de personnes seront privées d'eau potable en 1996. Bien sûr, la plupart des pays n'atteignent pas le seuil de pénurie que le Bureau de recherches géologique et minière établit à 1 000 m^3 par habitant et par an. À 500, la situation devient dramatique et au-dessous de 100, il convient de faire appel au dessalement de l'eau de mer (solution onéreuse mais techniquement au point) et au recyclage des eaux usées.

Dans un certain nombre de pays arides ou semi-arides, la situation climatique implique l'irrigation pour toute culture, ce qui amplifie la demande globale en eau. L'évaporation qui se produit dans les ouvrages de stockage accroît encore la consommation. Ainsi des pays arides comme l'Égypte, la Libye, Israël, Qatar, l'Arabie Saoudite, les Émirats arabes unis, le Yémen et Malte utilisent presque toutes les ressources en eau renouvelables dont ils disposent, ou même au-delà. Les prélèvements peuvent aller jusqu'à l'assèchement complet des cours d'eau, ainsi pour le Colorado aux États-Unis, pour le Syr Daria et l'Amou Daria alimentant la mer d'Aral. Par ailleurs, des pompages excessifs pour approvisionner en eau potable des grandes métropoles situées en zone côtière (Dakar, Djakarta, Lima notamment) ont provoqué l'intrusion de l'eau salée dans les nappes profondes.

Au niveau mondial, les consommations d'eau ont davantage augmenté ces trente-cinq dernières années qu'au cours des trois siècles précédents, ceci à un rythme annuel de 4 à 8 % l'an et cet accroissement étant en majeure partie imputable aux pays en développement. Selon les données fournies par le World Resources Institute, 3 240 km^3 d'eau douce sont prélevés et utilisés chaque année et, sur cet ensemble, 69 % le sont par l'agriculture, 23 % par l'industrie et 8 % pour les usages domestiques. Environ les trois quarts de l'eau douce sont, dans un grand nombre de pays, utilisés pour l'irrigation. À climat et structures d'irrigation comparables, on note une certaine corrélation entre le degré de développement du pays et la quantité d'eau utilisée pour l'irrigation. Les pays développés maîtrisent en effet mieux les techniques permettant les économies d'eau. Les pays en développement utilisent environ deux fois plus d'eau par hectare que les pays industrialisés alors que leur production agricole est trois fois moins élevée, la moitié de l'eau servant à l'irrigation s'évaporant lors de la dérivation sur des dizaines voire des centaines de kilomètres de désert (cas de l'Irak) en l'absence de système de canalisation adéquat. Le gaspillage est encore accru du fait qu'en règle générale les utilisateurs paient rarement plus du cinquième des coûts d'exploitation des programmes publics d'irrigation ; car, quel que soit le régime politique ou économique, l'irrigation est toujours prise en charge par des systèmes de subventions. Dans les pays en développement, une autre cause de gâchis est l'inefficacité des équipements, qu'il s'agisse des barrages réservoirs, des stations d'épuration, des réseaux d'adduction sans oublier les contraintes budgétaires s'opposant à un entretien adéquat des infrastructures.

En fait, les pays en développement ont consacré l'essentiel de leurs investissements dans la construction de barrages. Le gigantisme affiché d'un programme d'aménagement de barrages est le signe d'une volonté de s'affirmer d'abord au plan national ensuite au plan régional. Et ce choix s'avère rarement judicieux. Financés par les États et l'aide internationale, les marchés de ce type contribuent largement à accroître la corruption. En revanche, il est prouvé que ce type d'ouvrage appauvrit les zones situées en aval en empêchant le limon charrié par le fleuve d'atteindre les plaines alluviales et les deltas et de les fertiliser.

Partout dans le monde, l'augmentation des besoins en eau, qui doublent tous les 21 ans est telle, que l'exploitation de nouvelles réserves sera incapable de suivre le rythme. Et cette pénurie est encore aggravée par la pollution. Le nombre de sources d'eau douce ne cesse de baisser, en grande partie, parce que 95 % des déchets sont déversés directement et sans aucun traitement dans les rivières. Bien plus pour le pétrole ou la terre, c'est pour l'eau que vont naître dans un proche avenir les conflits les plus âpres.

D'après Jacques Sironneau
***Geopolis* n°43**

TEXTE 2

Au cours des douze derniers mois, les communiqués du secteur automobile n'ont pas brillé par leur optimisme. On ne compte plus les annonces de lourdes pertes et les licenciements. Et lorsque l'industrie automobile éternue, c'est un peu toute l'économie qui s'enrhume. Il est vrai que le secteur automobile occupe une place importante sur l'échiquier industriel, puisqu'il représente quelques quatre millions et demi d'emplois, soit environ 15 % de l'emploi industriel dans l'Union européenne. Les observateurs pensent en plus que le rythme de la croissance structurelle de la demande en Europe occidentale et au Japon sera nettement inférieur pendant le reste de la décennie à celui du cycle conjoncturel précédent (1982-1989/90). Ce ralentissement serait dû à l'augmentation spectaculaire du parc automobile au cours des décennies précédentes, aux prévisions d'une croissance économique moins importante par rapport aux années 80 et surtout à la congestion du trafic en Europe occidentale, au Japon et dans les villes américaines.

C'est dans ce contexte déprimé que les constructeurs occidentaux de voitures doivent faire face à une redoutable concurrence japonaise. Le grief que les spécialistes du secteur leur adressent le plus fréquemment est que, contrairement aux groupes nippons, ils sont surtout actifs à l'échelon régional. Ce reproche paraît peu fondé. En fait, dans l'industrie automobile, les clés du succès sont ailleurs. Ce qui importe vraiment, c'est de dégager suffisamment de cash-flow avec le(s) modèle(s) fabriqué(s) pour investir, faire face aux créanciers et satisfaire les actionnaires. Pour atteindre ce triple objectif, il n'est pas nécessaire d'opter pour la mondialisation. Si l'on se livre à un exercice de prospective pour l'industrie automobile européenne, il ne faut pas perdre de vue que l'Europe occidentale est de loin le plus grand marché du monde. La demande a beau régresser, l'Europe occidentale reste le principal débouché et abrite une bonne partie de la production. Il est clair qu'une région qui fabrique et acquiert une voiture sur trois de la production mondiale possède un potentiel non négligeable. Par ailleurs, n'oublions pas non plus que l'Europe orientale laisse entrevoir des perspectives à plus long terme, on y aurait vendu environ un million et demi de voitures en 1994.

À ce jour, la production automobile a connu deux grandes révolutions. La première remonte aux années 1910-1920 et a été déclenchée par Ford : c'est la production de masse. Grâce à elle, les Américains sont devenus les leaders mondiaux de l'industrie automobile car ils produisaient à moindre coût. La seconde est intervenue au lendemain de la deuxième guerre mondiale, lorsque Toyota a développé le principe de la production dite maigre. Cette philosophie de production repose sur une série de concepts (« Juste-à-temps », sous-traitance, travail en équipes, etc.), que les entreprises japonaises ont adoptés. Mais il y a aussi une autre différence fondamentale par rapport au système Ford. Ce dernier est axé sur la production ; en d'autres termes, on produit et on livre des stocks. En revanche, la production nipponne se veut axée sur la demande : on essaie donc de travailler de plus en plus sur commande, ce qui implique une grande flexibilité. Le but de cette approche est de proposer une qualité aussi élevée que possible à un prix aussi bas que possible. Pour être compétitifs face aux Japonais, les contructeurs occidentaux doivent relever toute une série d'importants défis. Le plus important concerne la distribution. Pour les constructeurs occidentaux, la rationalisation de leur réseau de concessionnaires est désormais un objectif prioritaire.

Les entreprises européennes ont peu de temps pour résorber leur retard de compétitivité. Après 1999, le marché automobile de l'Union européenne sera librement accessible aux constructeurs nippons. À cette date, les limitations imposées par la Commission européenne prendront fin. Résultat, d'ici la fin de la décennie, la part de marché nipponne pourrait atteindre les 15 % en Europe occidentale. Les restructurations sont devenues urgentes. D'autant qu'un certain nombre de grands groupes ont utilisé leur cash-flow pour investir dans des activités qui n'avaient qu'un lointain rapport, voire aucun, avec leur activité principale. Citons notamment des investissements dans le domaine de l'informatique, et de l'aérospatiale mais aussi dans des supermarchés ! Heureusement pour la plupart des groupes, l'ère de la diversification est terminée et on désinvestit dans tous ces domaines. Un recentrage indispensable : les groupes automobiles japonais démarrent aujourd'hui d'importants projets d'investissements. De colossaux investissements ont ainsi été consentis aux États-Unis et sont en chantier en Europe et même au Japon pour certains. Parallèlement, les constructeurs nippons investissent dans d'autres pays d'Asie. Pourtant, la priorité des groupes japonais n'est plus tant l'accroissement de leur part de marché, mais bien le maintien de leur rentabilité. Car les entreprises japonaises sont de plus en plus sollicitées pour permettre à leur personnel de profiter également de la croissance économique sous la forme de semaines de travail plus courtes.

D'après Paul Lippevelt
***Problèmes économiques*, n° 2380**

TEXTE 3

Ce n'est pas de 1945 qu'il faut dater l'aube des Trente Glorieuses, mais plutôt du début des années 1950 quand seront récupérés, dans la plupart des pays belligérants, des maxima de production datant d'avant 1929. Alors, pendant 20 années glorieuses et peut-être plus, se dessine un carré réellement magique.

L'un des côtés en est un taux de croissance du PIB particulièrement élevé dans les pays industrialisés (4,9 % en moyenne), tel qu'on n'en avait jamais connu sur une aussi longue durée. Même si le Royaume-Uni s'essouffle en queue de peloton (3 % de croissance entre 1950 et 1973, contre 9,7 % pour le Japon...), ses résultats restent largement supérieurs à ceux qu'il avait connus au temps de sa gloire. Mais le phénomène le plus spectaculaire est probablement la réduction fantastique des écarts entre pays et la tendance au rapprochement des structures de consommation, les pays les plus « en retard » accélérant la cadence pour venir, en une vingtaine d'années seulement, talonner ceux qui avaient mené la course depuis le départ. Même les pays du tiers-monde, il faut le souligner avec force, participent avec les honneurs à ce vaste mouvement. C'est ainsi qu'en 1980, l'Afrique, donnée pourtant comme « mal partie », avait un revenu réel par habitant supérieur à celui du Japon en 1950. Cette croissance a été aussi, deuxième côté du carré, d'une régularité unique, à tel point que les économistes pensaient, à la fin des années 1960, avoir trouvé l'arme absolue contre les crises. Cette croissance régulière, doublée d'une forte productivité, s'est aussi accompagnée, troisième côté du carré, d'un quasi plein emploi, les travailleurs libérés par les gains de productivité, pourtant exceptionnels, ayant trouvé facilement place ailleurs. Or c'est bien la formidable transformation du niveau de vie qui, quatrième côté du carré, a été le principal « miracle » de ces années glorieuses. En France, en une seule génération, le pouvoir d'achat du revenu moyen a autant augmenté qu'au cours des 150 années qui ont précédé les Trente Glorieuses !

Comment le rythme de l'expansion a-t-il pu être maintenu aussi longtemps à un niveau aussi élevé ? Dans la mesure où cette croissance a été commune à l'ensemble des pays industrialisés, il faut renoncer à toute explication strictement nationale. Donc, cela veut dire, et ce n'est pas rien, qu'on peut écarter, dans le cas de la France, les réformes institutionnelles. Mais, à l'inverse, cela veut dire aussi qu'il ne faut pas attacher trop d'importance à ce qui aurait constitué nos handicaps, que ce soient le contrôle tatillon des prix, la faiblesse du franc, le déficit du budget. Force est donc de recenser l'ensemble des facteurs qui dans l'ensemble des pays industrialisés, ont pu cumuler leurs bienfaits. Il faut d'abord prendre en compte le renouveau de la vitalité démographique, dont témoigne la vigoureuse reprise de la natalité au cœur même de la guerre. Des taux moyens de natalité élevés combinés avec un recul marqué des taux de mortalité, ont allongé chaque année l'espérance de vie d'une demi-année. Mais le dynamisme démographique n'explique pas tout. La croissance record des Trente Glorieuses doit beaucoup à l'essor du commerce mondial dont le développement foudroyant fut assuré par l'abolition des différentes entraves aux échanges internationaux. Au cours des années 1950-1973, celui-ci a progressé bien plus rapidement que la croissance, pourtant particulièrement élevée, des PIB nationaux : il augmente de plus de 9 % entre 1968 et 1973 ; une évolution explosive due à l'essor exceptionnel des échanges entre pays industriels avancés. Cette interpénétration croissante des économies avancées a aussi, de façon diffuse, assuré la croissance de la productivité en imposant, d'un côté, l'abandon des activités nationales incapables de résister à la concurrence étrangère, et en obligeant, de l'autre, tous les gouvernements à faire de la modernisation des industries d'exportation un objectif prioritaire.

Enfin, on aurait tort de négliger les immenses vertus de l'inflation dans ce « miracle » des Trente Glorieuses. Cette hausse régulière des prix, en assurant des taux réels d'intérêt très bas incitait à détenir des biens plutôt que des fonds liquides, donc à investir. Aussi, les entrepreneurs devinrent-ils plus conscients des dangers qu'il y avait à ne pas investir, c'est-à-dire à ne pas pouvoir faire face à une demande en expansion. Ils furent amenés à accroître leur productivité pour compenser des salaires croissants. Bref, l'inflation dopa consommateurs et producteurs. Il ne faut donc pas s'étonner du fait que les années 1950-1960 aient été des périodes où il valait mieux être consommateur et débiteur qu'épargnant et créancier.

Ce miracle, aujourd'hui, semble bien unique et non reproductible. Difficile, en effet, d'imaginer une reprise de la natalité dans les pays vieillissants que sont devenus les États industrialisés. Difficile de trouver des branches à faible productivité susceptibles d'accueillir la main-d'œuvre « libérée » par le progrès technique. Difficile d'imaginer vers quels produits, hormis les dépenses de santé, pourra se porter une demande rassasiée. Difficile par conséquent d'imaginer devant nous un avenir d'années glorieuses. À moins d'un miracle...

D'après Jacques Marseille
***L'Histoire*, n° 192**

QUESTIONS

SUR LE TEXTE 1

1. Selon le texte, quel est le pourcentage du volume d'eau de la planète qui peut être consommé comme eau potable ou être utilisé pour l'irrigation?
   A) 2 % B) 14 %
   C) 49 % D) 71 %
   E) 98 %

2. Parmi les facteurs suivants, lesquels sont cités pour expliquer que l'eau soit devenue un enjeu économique et politique?
   A) la croissance démographique
   B) la baisse du niveau des océans
   C) les aléas climatiques
   D) les besoins croissants des pays industrialisés
   E) la construction des barrages frontières

3. Selon l'auteur, l'eau en tant que donnée stratégique demeure dominée par les rapports de force, faute d'une :
   A) politique de décentralisation territoriale
   B) instance internationale d'arbitrage
   C) véritable législation internationale
   D) gestion globale de la ressource
   E) étude prospective des besoins

4. Parmi les mesures suivantes, lesquelles sont citées comme étant mises en place par les pays les plus fortement déficitaires en eau :
   I. Le recyclage des eaux usées
   II. Le dessalement de l'eau de mer
   III. Le pompage des ressources souterraines
   IV. Le rationnement de l'eau

   A) I et II seulement B) II et III seulement
   C) I, II et III seulement D) II, III et IV seulement
   E) I, II, III et IV

5. D'après le Bureau de recherches géologique et minière, à partir de quel volume d'eau par an et par habitant établit-on le seuil de pénurie?
   A) 2000 m^3 d'eau B) 1500 m^3 d'eau
   C) 1000 m^3 d'eau D) 500 m^3 d'eau
   E) 100 m^3 d'eau

6. D'après l'auteur, pour lesquelles de ces raisons la situation des pays arides ou semi-arides est-elle particulièrement défavorable en matière d'eau?
   A) les fleuves sont pollués par les rejets des mégalopoles
   B) les eaux profondes sont devenues saumâtres
   C) dans les ouvrages de stockage, l'eau s'évapore
   D) les barrages hydrauliques n'ont pu être financés
   E) toute culture implique l'irrigation

7. D'après le texte, comparés aux pays industrialisés, les pays en développement utilisent pour leur agriculture :
   A) trois fois moins d'eau par hectare
   B) deux fois moins d'eau par hectare
   C) autant d'eau par hectare mais pour une production trois fois moins importante
   D) deux fois plus d'eau par hectare
   E) trois fois plus d'eau par hectare

8. Selon l'auteur, parmi les données suivantes lesquelles sont responsables du gaspillage de l'eau dans les pays en développement?
   A) l'absence de subventions pour l'irrigation
   B) l'inefficacité des équipements
   C) le mauvais entretien des infrastructures
   D) les modes archaïques de culture
   E) la privatisation du marché de l'eau

9. Selon l'auteur, quelles ont été les conséquences des prélèvements excessifs dans certains pays?
   A) la pollution des eaux douces
   B) des bouleversements climatiques
   C) la dérégulation des crues
   D) l'assèchement complet de certains cours d'eau
   E) l'intrusion de l'eau salée dans les nappes profondes

10. Pourquoi certains pays font-ils le choix du gigantisme en matière d'aménagement de barrages?
    A) pour bénéficier des aides de la Banque mondiale
    B) pour détourner les affluents des pays frontaliers
    C) pour s'affirmer au plan national et régional
    D) pour éviter la surexploitation des réserves souterraines
    E) pour contrôler le débit des fleuves responsables des crues

11. Quel est l'effet pervers de la construction des barrages réservoirs de grande capacité?
    A) la disparition de la faune aquatique
    B) l'appauvrissement des zones situées en aval
    C) l'émergence de situations conflictuelles entre États

D) la hausse du déficit public

E) l'aggravation de la corruption

12. D'après le texte, pourquoi la pénurie d'eau va-t-elle en s'aggravant?
    A) les industries sont des grosses consommatrices d'eau et d'hydroélectricité
    B) le réchauffement du globe entraîne une désertification des zones arides
    C) les réserves mondiales d'eau potable sont exploitées par les pays industrialisés
    D) l'urbanisation et ses utilisations doublent la consommation journalière par habitant
    E) la pollution entraine la baisse du nombre de sources d'eau

QUESTIONS SUR LE TEXTE 2

13. Parmi les raisons suivantes, lesquelles sont citées pour expliquer le ralentissement de la demande de voitures?
    A) le ralentissement de la croissance économique
    B) l'augmentation du parc automobile au cours des décennies précédentes
    C) la congestion du trafic
    D) la hausse continue du prix du carburant
    E) la peur de l'avenir liée à la montée du chômage

14. D'après le texte, quel est le grief le plus souvent adressé aux constructeurs automobiles européens?
    A) leur surcapacité de production
    B) leur manque de concentration verticale
    C) leurs coûts salariaux trop élevés
    D) leur activité limitée à l'échelon régional
    E) leurs coûteux investissements pour exporter sur tous les marchés

15. Selon l'auteur, quels sont les clés du succès dans l'industrie automobile?
    A) investir
    B) réaliser des économies d'échelle
    C) faire face aux créanciers
    D) augmenter ses parts de marché
    E) satisfaire les actionnaires

16. Combien de voitures auraient été vendues en Europe orientale en 1994?
    A) 100 000 B) 1,5 million
    C) 7 millions D) 16 millions
    E) 31 millions

17. Parmi les caractéristiques suivantes, quelles sont celles qui définissent la production automobile japonaise ?
   A) être une production maigre
   B) être une production de masse
   C) être axée sur les stocks
   D) être axée sur la demande
   E) privilégier le juste à temps

18. Selon le texte, pourquoi l'industrie automobile occupe-t-elle une place importante sur l'échiquier industriel ?
   A) le secteur est comme le bâtiment particulièrement sensible aux retournements de conjoncture
   B) le secteur fait travailler à lui seul les trois quarts de l'électronique et de la sidérurgie
   C) le secteur représente un bassin d'emploi important
   D) le secteur est un bon indicateur de la consommation
   E) le secteur reste un des plus rentables de l'économie

19. Quel est désormais, selon le texte, l'objectif prioritaire de rationalisation des constructeurs occidentaux ?
   A) les stocks
   B) les chaînes d'assemblage
   C) les capacités des sous-traitants
   D) le réseau de concessionnaires
   E) les frais fixes

20. Selon l'auteur, la demande de voitures japonaises dans l'Union européenne d'ici la fin de la décennie devrait se situer autour de :
   A) 5 % B) 15 %
   C) 30 % D) 50 %
   E) 80 %

21. Selon l'auteur, pourquoi certains grands groupes rencontrent-ils aujourd'hui des problèmes de cash-flow ?
   A) à cause de la sous-utilisation des capacités de production
   B) à cause de déficiences industrielles
   C) à cause d'une diversification tous azimuts
   D) à cause d'une hausse des frais généraux
   E) à cause d'un retard technologique

22. Quelle est pour l'instant la priorité des constructeurs japonais ?
   A) l'accroissement de leur part de marché
   B) la mise en place de procédures anti-dumping
   C) le maintien de leur rentabilité
   D) l'allègement de la facture logistique
   E) la stabilisation de leur part de marché

23. D'après l'auteur, l'industrie automobile japonaise a consenti de colossaux investissements :
I. en Europe
II. Aux États-Unis
III. Dans les autres pays d'Asie
IV. Au Japon

A) I et II seulement
B) II et III seulement
R C) I, II et III seulement
D) II, III et IV seulement
0 E) I, II, III et IV

24. Dans l'industrie automobile japonaise, le personnel fait pression pour obtenir :
A) le rapatriement des filiales de l'étranger
0 B) des augmentations de salaire
F Ø C) des semaines de travail plus courtes
D) la renégociation des plans de restructuration
E) des formations qualifiantes

QUESTIONS SUR LE TEXTE 3

25. Parmi les pays suivants, lequel a le taux de croissance du PIB le plus bas entre 1950 et 1973 ?
A) l'Allemagne
B) la France
R 0 C) le Royaume-Uni
D) les États-Unis
E) le Japon

26. En 1980, l'Afrique avait un revenu réel par habitant :
A) inférieur à celui du Japon au lendemain de la guerre
B) égal à celui de l'Europe occidentale au lendemain de la guerre
R C) égal à celui de l'Europe occidentale en 1950
D) supérieur à celui de l'Europe occidentale en 1950
0 E) supérieur à celui du Japon en 1950

27. Parmi les caractéristiques suivantes, toutes définissent la période des Trente Glorieuses SAUF :
A) la réduction des écarts entre pays
R B) la régularité de la croissance
C) le quasi plein emploi
D) la transformation du niveau de vie
0 E) la désinflation compétitive

28. Au cours des années 1968-1973, le commerce mondial a augmenté de :
A) 3 %
B) 9 %
C) 21 %
D) 32 %
E) 45 %

R

29. D'après le texte, durant les Trente Glorieuses, parmi les phénomènes suivants, lesquels incitaient à l'investissement ?
A) la hausse régulière des prix
B) la défiscalisation des intérêts d'emprunt
C) les dévaluations répétées
D) les gains de productivité
E) les taux réels d'intérêt très bas

R

30. Parmi les facteurs suivants, lesquels sont cités pour expliquer l'ampleur de la croissance des Trente Glorieuses ?
A) l'essor du commerce mondial
B) le financement public des investissements de base
C) le basculement de la fécondité en dessous du taux de remplacement
D) le renouveau de la vitalité démographique
E) l'instauration du système de change fixe entre les monnaies

R

31. Pour quelle raison les entrepreneurs furent-ils amenés à accroître leur productivité ?
A) pour résister à la concurrence internationale
B) pour financer la modernisation
C) pour combler le déficit budgétaire
D) pour compenser les salaires croissants
E) pour exporter hors d'Europe

R

32. Parmi les facteurs suivants, lesquels sont cités par l'auteur pour expliquer que le miracle des Trente Glorieuses ne se reproduira pas ?
A) la demande de consommation est rassasiée
B) le crédit à la consommation est trop cher
C) les branches à faible productivité susceptibles d'accueillir la main-d'œuvre libérée par le progrès se font rares
D) les dévaluations ne sont plus possibles d'après les critères de Maastrich
E) la reprise de la natalité n'est pas imaginable dans des pays vieillissants

R

33. Selon le texte, quelles ont été les conséquences de l'interpénétration croissante des économies ?
A) la baisse du prix courant des biens manufacturés
B) la modernisation des industries d'exportation
C) l'abandon des activités nationales incapables de résister à la concurrence
D) la création des zones de libre-échange
E) la diffusion de nouvelles technologies

R

34. D'après l'auteur, il faut fixer l'aube des Trente Glorieuses au début des années 50 et non pas à 1945, car à cette date :
    A) les budgets de la reconstruction soutiennent les industries
    B) la mondialisation de l'économie favorise le commerce
    C) les dollars du plan Marshall dopent la consommation
    D) les maxima de production d'avant 1929 sont récupérés
    E) le développement des services absorbe les emplois libérés par l'agriculture

35. D'après le texte, pendant les années 1950-1960, il fallait mieux être :
    A) consommateur
    B) épargnant
    C) producteur
    D) créancier
    E) débiteur

36. D'après l'auteur, quelles étaient les faiblesses de la France durant les Trente Glorieuses :
    I. le contrôle tâtillon des prix
    II. la faiblesse du franc
    III. le déficit du budget
    IV. les carences de la planification
    V. l'aggravation des fractures sociales

    A) I, II et III seulement
    B) II, III et IV seulement
    C) III, IV et V seulement
    D) I, III et V seulement
    E) I, II, III, IV et V

TEXTE 4

Le rapport du Sénat sur les délocalisations à destination des pays à bas salaires a frappé les imaginations par ses prévisions alarmistes : « Il paraît raisonnable d'estimer qu'au minimum, entre 3 et 5 millions d'emplois supplémentaires sont menacés directement par le mouvement de délocalisation ». Le premier réflexe de la quasi-totalité des économistes est pourtant de porter un regard condescendant sur ces inquiétudes. Selon l'orthodoxie économique enseignée dans toutes les universités du monde, le libre-échange ne détruit pas durablement l'emploi. Du fait de certaines forces économiques rééquilibrantes, l'emploi détruit dans le secteur délocalisé serait tôt ou tard recréé ailleurs dans les secteurs exportateurs. Les délocalisations ne sont certainement pas à l'origine de la récession actuelle et de son cortège de suppressions d'emplois. Car même si les flux d'investissements directs à destination des pays à bas salaires, synonymes de délocalisation ont beaucoup augmenté au cours des dernières années, ils restent relativement modestes. Ils ne représentaient en 1992 que 0,2 % du PIB total des pays de l'OCDE.

Les délocalisations peuvent avoir deux inconvénients majeurs : une montée des inégalités et un sentiment assez généralisé de vulnérabilité chez les salariés. Ces problèmes touchent cependant les différents pays industrialisés avec une intensité variable. La structure du marché du travail français constitue pour notre pays un réel élément de faiblesse. En effet les marchés du travail ont des modes de fonctionnement très différents selon les pays industrialisés. À une extrême le Japon et l'Allemagne se distinguent par une très grande stabilité de l'emploi. Face à un choc externe – baisse de la demande, apparition d'un nouveau compétiteur – les entreprises ont peu recours aux suppressions d'emplois et doivent gérer les sureffectifs. À l'autre extrême, on trouve les États-Unis. Dans ce pays, les entraves aux licenciements, qu'elles soient culturelles ou réglementaires, sont quasi-inexistantes. D'où une forte mobilité : aux États-Unis, près de 40 % des employés ont moins de deux ans d'ancienneté dans leur entreprise. Cette grande flexibilité du marché du travail a ses inconvénients, elle a bien sûr aussi des avantages. Les États-Unis sont le pays où les forces de rappel contre le chômage jouent le plus rapidement : en période de sous-emploi, les salaires diminuent, l'inflation ralentit, les taux d'intérêt baissent et l'économie crée plus rapidement qu'ailleurs les emplois dont les chômeurs ont besoin. Face à la concurrence des pays à bas salaires, les salariés américains sont particulièrement vulnérables au risque de déqualification et de perte d'une part sensible de leurs revenus, mais peu à celui du chômage de longue durée.

La France est dans une inconfortable situation intermédiaire. Contrairement à un mythe très répandu, après le Danemark, la France est probablement maintenant le pays d'Europe continentale où il est le plus facile de licencier un salarié. L'intérim et les contrats à durée déterminée sont aussi largement disponibles pour aider les entreprises à ajuster leurs effectifs à la conjoncture. Contrairement aux règles du jeu allemandes ou japonaises, les entreprises confrontées à une concurrence accrue ne sont pas contraintes de trouver une solution pour leurs salariés : la voie du licenciement, bien que coûteuse, est largement ouverte. Mais contrairement aux pays anglo-saxons, la logique de la flexibilité n'a pas été poussée à son terme. Aujourd'hui, la pente naturelle serait de se rallier au modèle anglo-saxon. Les prochaines étapes seraient alors logiquement une remise en cause du salaire minimum et du niveau toujours assez élevé des indemnités chômage.

Toutefois, certains pays, comme le Japon et l'Allemagne, semblent indiquer une autre voie, la seule vraiment efficace : la mise en place d'une concertation sociale. Dans ces pays, la garantie de l'emploi donne aux salariés une situation privilégiée qu'ils pourraient utiliser pour tenter d'accroître leurs rémunérations au-delà de ce que justifient les gains de productivité. Avec à la clé : l'affaiblissement de l'investissement, des pertes de compétitivité et finalement la progression du chômage. Mais ce scénario catastrophe ne se produit ni au Japon, ni en Allemagne. Car le haut degré de stabilité de l'emploi repose sur une forte cohésion sociale et des relations employeurs-employés très coopératives fondées sur la notion de contrat. Les entreprises protègent l'emploi et respectent les conventions passées avec les représentants du personnel. En échange de quoi les salariés et leurs représentants syndicaux acceptent le principe d'une évolution des rémunérations compatible avec celle des gains de productivité. Autre condition d'un marché stable de l'emploi : les entreprises doivent être solides financièrement pour être capables de gérer des sureffectifs sans licenciements « secs ». En Allemagne, cette solidité vient en partie des importantes provisions effectuées par les entreprises pour couvrir le coût des retraites futures.

D'après Olivier Davanne
***Problèmes économiques,* n° 2396**

TEXTE 5

Jusqu'à la chute du mur de Berlin, les états-majors des grandes puissances ont pu se reposer sur une certaine stabilité de la situation géostratégique pour initier les recherches technologiques. L'implosion du bloc soviétique a brutalement balayé les hypothèses sur lesquelles les experts se reposaient pour orienter le développement des systèmes d'armes futurs. L'enthousiasme soulevé par la fin de la guerre froide et l'espoir de voir s'achever la course aux armements ont mené les politiques à envisager une réduction forte et rapide des budgets défense. De nombreux programmes militaires ont donc été hâtivement abandonnés aux États-Unis comme dans la plupart des pays européens. Très vite, il est cependant apparu que si la fin de la guerre froide avait mis un terme à la confrontation des blocs, elle donnait naissance à une situation instable avec une multitude de foyers de tensions.

Dans ce contexte, la guerre du Golfe a largement illustré la nécessité, pour gérer un conflit, de posséder un ensemble cohérent de satellites militaires comprenant des satellites d'observation et d'écoute dès le temps de paix, des satellites de télécommunications assurant le maintien en temps réel de liaisons radios mais aussi des satellites de navigation, d'alerte antimissile balistique (détection des lancements de Scud), de météorologie.

Aujourd'hui, seuls les États-Unis et la Russie possèdent un tel système cohérent et complet. L'Europe possède les moyens d'acquérir cet outil. Mais elle s'est longtemps contentée des informations distillées par son allié américain. Au cours de la guerre du Golfe, les Américains n'ont par exemple jamais fourni d'images satellites à leurs alliés. Les Européens doivent donc accorder une entière confiance aux dires des Américains et craindre d'éventuelles manipulations en vue d'obtenir leur appui dans la gestion d'un conflit. Car les intérêts des Européens peuvent légitimement, en ces jours de multiplication de conflits locaux, diverger des intérêts américains. Les puissances européennes commencent ainsi à intégrer l'idée que l'espace militaire revêt un caractère stratégique essentiel qui, d'une certaine manière, s'apparente à la possession de l'arme nucléaire. Mais construire ex-nihilo un système spatial prend du temps et de l'argent.

De fait, la France, à elle seule, assume aujourd'hui 60 % des dépenses européennes dans ce secteur. Elle s'est lancée dans des programmes spatiaux militaires de grande ampleur. Encore convient-il de noter que les moyens budgétaires n'ont que récemment suivi cet intérêt. Partant de très bas, les sommes allouées à l'espace militaire français ont, en douze ans, été multipliées par dix en francs constants, atteignant en 1995 quelque 4 866 MF, soit 5 % environ du budget d'équipement de la défense. C'est-à-dire une part non négligeable. Les choix français ont porté sur l'obtention d'un système d'observation et de transmissions. Le coût en est élevé : plus de 50 milliards de francs ! En fait, la France peut difficilement tout réaliser seule.

L'idéal consisterait à voir l'UEO (Union de l'Europe occidentale), le bras armé de la CEE, prendre en charge la mise en place d'un système spatial commun. Mais il s'agit là d'un défi considérable à relever d'autant qu'il existe des obstacles de taille au sein de l'UEO. Premièrement, les « petits » pays sont sceptiques face à la démarche qui vise à conférer à l'UEO les moyens d'une puissance mondiale. Deuxièmement, l'UEO ne dispose pas encore d'une structure adéquate pour diriger et contrôler un tel programme. En attendant, les ambitions se limitent à un essai de coordination des politiques spatiales militaires nationales. L'Espagne et l'Italie font preuve d'une curiosité encore limitée. Quant à l'Allemagne, elle a attendu 1994 pour ouvrir une ligne espace militaire dans son budget de la défense. Elle semble désormais désireuse de disposer de satellites de télécommunications et d'observation. Après avoir négocié sans succès avec les Américains pour développer un système commun d'observation spatiale, les Allemands sont sur le point d'accepter une collaboration étroite avec la France. L'axe Paris-Bonn paraît ici solide et pourrait constituer une première étape à la construction d'un futur système spatial européen. Qu'elle passe par Berlin, Londres, Rome ou Madrid, toute coopération spatiale part de Paris. La France constitue le nœud et le moteur de toute coopération européenne en ce domaine. Gardera-t-elle longtemps cette position stratégique? Il est évident qu'en échange de deutsche Marks, elle sera amenée à effectuer des transferts de technologie vers son partenaire allemand, qui montera ainsi en puissance spatiale. Mais n'est-ce pas le jeu de toute coopération? Par ailleurs, la France dispose d'un atout majeur avec la base de lancement de Kourou... Quoi qu'il en soit, cet espace militaire franco-allemand représenterait indéniablement un pas important dans la mise sur pied d'une politique autonome de défense et de sécurité européenne. Plus prosaïquement, on peut aussi prévoir que, sans le soutien des études militaires, l'espace civil européen rencontrera des difficultés pour conserver sa place sur l'échiquier mondial. Pour ces deux raisons, la création d'un espace militaire européen est devenue indispensable.

D'après Jérôme Palmade
***Science et Vie,* juin 1995**

TEXTE 6

Avec une croissance exponentielle, estimée à 10 % par mois, et près de trente millions d'utilisateurs, Internet est un phénomène qui ne peut plus être ignoré. Selon les analystes télécoms, le marché Internet (logiciels, matériels et services confondus) pèsera 4 milliards de dollars en 1997. Internet est souvent présenté comme une réalité. Il n'a pourtant pas d'existence physique. Ce n'est qu'une interconnexion de centaines de milliers d'ordinateurs, gérés de façon totalement décentralisée. La majorité des utilisateurs sont connectés via le réseau téléphonique classique. Internet lui-même ne propose aucun service ; il ouvre l'accès à des bases de données, des fichiers, du courrier électronique, etc. L'engouement actuel pour Internet occulte ses racines historiques qui remontent à 1969. À l'origine, ses pères fondateurs sont les équipes de l'« US Defense Advanced Research Projects Agency ». Le réseau ainsi créé visait à fédérer les organismes travaillant pour le ministère de la Défense américain. Le nouveau réseau s'est très rapidement ouvert à l'ensemble de la communauté scientifique et universitaire américaine. Il est resté, jusqu'à la fin des années 80, essentiellement un outil de communication entre chercheurs, dont le coût d'exploitation était pris en charge par les organismes publics. Le réseau était alors interdit à tout trafic commercial. Ainsi, la philosophie d'Internet se caractérise encore par un souci de partage des ressources intellectuelles, matérielles et logicielles.

L'intrusion du grand public sur Internet via des serveurs commerciaux a forgé le deuxième visage de ce réseau. Des serveurs nouveaux ont été créés par les entreprises et les administrations. Des services utilisent le réseau comme support pour des activités commerciales (vente par correspondance, jeu interactif, opérations financières). Pour autant, les utilisateurs ne paient actuellement que le prix de la connexion sans avoir à supporter le coût pour le contenu des informations obtenues. Ce sont les annonceurs qui paient. La plupart des serveurs se tournent vers la publicité pour rentabiliser leurs services. À l'heure actuelle, le prix des espaces publicitaires sur Internet atteint des sommets dix fois supérieurs à ceux pratiqués par les médias classiques pour des audiences comparables.

Au total, le succès d'Internet est incontestable, même s'il ne concerne en Europe qu'un nombre encore faible d'utilisateurs. Il repose jusqu'à présent sur des investissements limités en infrastructures. D'autre part, la croissance du réseau s'est réalisée sans intervention ni contrôle des autorités publiques. Ce développement progressif, décentralisé, peut constituer un exemple pour l'avènement tant annoncé de réseaux mondiaux.

L'engouement que connaît Internet engendre des commentaires qui frisent parfois l'utopie : chaque ménage aurait, chez lui, accès à l'ensemble des bibliothèques du monde entier, à des centaines de chaînes de télévision, pourrait choisir le vêtement le moins cher de sa couleur préférée dans un panel de fournisseurs. Face à ces projections, l'approche de responsables d'entreprises américaines est très pragmatique et n'oublie pas les obstacles qui existent. D'abord, les investissements en jeu sont lourds et ne pourront donc être amortis que par un grand nombre d'utilisateurs. Ensuite, le taux d'équipement des ménages en micro-ordinateurs reste assez faible, or c'est un facteur déterminant de la diffusion de ces médias. Les États-Unis disposent en cela d'un avantage très significatif sur la France. Un foyer sur trois est équipé d'un micro-ordinateur. Seul un ménage français sur sept possède un ordinateur. Mais la question fondamentale se situe ailleurs : les consommateurs sont-ils prêts à accroître le budget consacré à ce type de loisirs ?

Au-delà des problèmes de paiement, reste une inconnue : le profil des usagers de ce type de services. Le scénario le plus probable se situe certainement entre celui des euphoriques – qui envisagent que presque toute la population s'y intéresserait – et celui des sceptiques – selon lesquels les nouveaux services seraient cantonnés à un petit club d'initiés. Des personnes âgées, n'ayant jamais utilisé d'ordinateur dans leur vie, n'auront pas la même demande pour les produits fondés sur les nouvelles technologies que les jeunes générations.
Le dynamisme de la demande pour les nouveaux services sera donc fonction, dans chaque pays, d'évolutions démographiques qui peuvent être assez différentes. Ainsi, si le nombre d'adolescents va fortement croître d'ici à 2010 aux États-Unis et en Allemagne, les pays du sud de l'Europe (Italie et Espagne) connaîtront des évolutions beaucoup moins favorables. La France se trouve, quant à elle, dans une position intermédiaire.

Dans le cadre de la montée en puissance des autoroutes de l'information, le développement des capacités de transmission est incontournable. Toutefois, les différents acteurs doivent être capables de bien appréhender l'évolution de la demande potentielle afin de ne pas surdimensionner des infrastructures dont le coût pourrait obérer la diffusion de nouveaux services et médias.

D'après *Conjoncture*,
Paribas, n° 5, mai 1995

QUESTIONS

SUR LE TEXTE 4

37. La quasi-totalité des économistes s'accorde à penser que les délocalisations entraînent :
    A) la montée du protectionnisme
    B) la baisse du coût du travail peu qualifié
    C) la recréation de l'emploi détruit
    D) la hausse durable du chômage
    E) la dérèglementation du marché de l'emploi

38. Selon l'auteur, quels sont les inconvénients majeurs des délocalisations du point de vue des pays industrialisés ?
    A) une montée des inégalités dans les pays industrisalisés
    B) une hausse de l'emploi précaire
    C) un sentiment assez généralisé de vulnérabilité chez les salariés
    D) une disparition des industries de main-d'œuvre
    E) une fuite des investissements vers les pays à bas salaires

39. Selon le rapport du Sénat, les emplois menacés directement par les délocalisations se situent entre :
    A) 600 000 et 1 million
    B) 3 et 5 millions
    C) 10 et 15 millions
    D) 20 et 27 millions
    E) 37 et 49 millions

40. Quelle est la condition pour que les entreprises puissent gérer des sureffectifs sans licenciements secs ?
    A) une relation de confiance entre syndicats et patronat
    B) une incitation fiscale au maintien de l'emploi
    C) une suppression du SMIC
    D) une grande solidité financière
    E) une réduction des charges sociales sur l'ensemble des salaires

41. Quelles sont les effets pervers d'une hausse des rémunérations au-delà de ce que justifient les gains de productivité ?
    I. l'affaiblissement de l'investissement
    II. l'hémorragie des emplois industriels
    III. la perte de compétitivité
    IV. la montée du chômage

    A) I et II
    B) I, II et III seulement
    C) I, III et IV seulement

D) II, III, et IV seulement
E) I, II, III, et IV

42. Parmi les pays suivants, quel est celui où il est le plus facile de réaliser un licenciement ?
A) le Japon
B) l'Allemagne
C) les États-Unis
D) la France
E) l'Espagne

43. Selon le texte, les salariés américains sont particulièrement vulnérables :
A) à la perte d'une part sensible de leurs revenus
B) à la remise en cause de leurs acquis sociaux
C) au chômage de longue durée
D) à la déqualification
E) à la montée du travail clandestin

44. Aux États-Unis, quel est le pourcentage des employés qui a moins de deux ans d'ancienneté ?
A) 10 %
B) 20 %
C) 30 %
D) 40 %
E) 50 %

45. Selon l'auteur, quelles seraient les prochaines étapes qui s'ouvrent à la France pour contrer les effets négatifs des délocalisations ?
A) la remise en cause du salaire minimum
B) la réduction des indemnités chômage
C) les mesures anti-dumping et la mise en place de quotas à l'exportation
D) la mise en place d'un dialogue social au cœur des entreprises
E) la conquête des nouveaux marchés de l'Europe orientale

46. Selon le texte, le marché de l'emploi en France :
A) s'éloigne du modèle anglo-saxon
B) s'inspire des modes de fonctionnement allemands
C) a copié les recettes japonaises
D) se situe dans une inconfortable position intermédiaire
E) fonctionne d'une façon originale

47. Pourquoi les entreprises allemandes constituent-elles des provisions importantes ?
A) pour créer des filiales dans les pays à bas salaire
B) pour faire face aux retournements de conjoncture
C) pour éviter le recours au crédit trop onéreux
D) pour amortir les risques de change
E) pour couvrir le coût des retraites futures

48. Selon l'auteur, les flux d'investissements directs à destination des pays à bas salaires au cours des dernières années :
A) ont beaucoup augmenté malgré leur importance
B) ont peu augmenté et restent relativement modestes
C) sont restés stables
D) ont peu augmenté mais restent relativement importants
E) ont beaucoup augmenté mais restent relativement modestes

QUESTIONS SUR LE TEXTE 5

49. Quel est le pourcentage des dépenses européennes assumé par la France dans le secteur spatial militaire ?
A) 20 %
B) 30 %
C) 40 %
D) 50 %
E) 60 %

50. Selon l'auteur, si l'Europe se contente des informations spatiales militaires des États-Unis, elle risque de :
A) rater le marché dérivé des autoroutes de l'information
B) ne pas pouvoir détecter les signes avant-coureurs d'une crise militaire
C) se voir manipulée pour obtenir son appui dans la gestion d'un conflit
D) ne pas tirer profit de la nouvelle donne née de l'implosion du bloc soviétique
E) perdre toute expertise dans l'acquisition de renseignements tactiques

51. Parmi les pays suivants, quel est celui qui bénéficie en Europe d'une position stratégique dans le secteur spatial militaire ?
A) la France
B) l'Italie
C) le Royaume-Uni
D) l'Allemagne
E) l'Espagne

52. Depuis quand l'Allemagne possède dans son budget défense une ligne espace militaire ?
A) 1964
B) 1974
C) 1984
D) 1994
E) la ligne budgétaire est prévue pour 2004

53. D'après le texte, les puissances européennes commencent à intégrer l'idée que :
A) l'espace militaire n'est pas une projet viable
B) l'espace militaire se construira avec l'OTAN
C) la possession de l'arme nucléaire constitue le seul véritable enjeu militaire
D) la fin de la guerre froide rend l'initiative d'un espace militaire obsolète
E) l'espace militaire revêt un caractère stratégique essentiel

S
VISA

Mémorisation et compréhension

54. L'auteur définit l'axe Paris-Bonn comme :
A) une première étape à la construction d'un système spatial européen
B) la préfiguration d'une politique franco-allemande de l'armement
C) la solution de rechange en cas d'échec de l'axe Paris-Londres
D) la juxtaposition de politiques contradictoires
E) un simple échange de données technologiques

55. Selon l'auteur, quelle a été la conséquence militaire de la fin de la guerre froide?
A) le lancement du programme « guerre des étoiles »
B) une réduction rapide des budgets défense
C) la fin du consensus occidental sur les choix de sécurité et de défense
D) une réduction des effectifs militaires
E) l'arrêt du développement des satellites militaires

56. Le système d'observation et de transmissions a coûté à la France un budget de l'ordre de :
A) 10 millions
B) 100 millions
C) 1 milliard
D) 20 milliards
E) 50 milliards

57. Selon l'auteur, quels sont les obstacles qui s'opposent à la mise en place d'un programme pour un espace militaire?
A) le choix français de l'arme nucléaire
B) le manque de structure adéquate au sein de l'Union européenne occidentale
C) le scepticisme des petits pays
D) le refus allemand de financer le programme
E) l'hostilité des États-Unis à une telle initiative

58. Selon l'auteur, un système cohérent de satellites militaires doit comprendre :
I. des satellites d'observation et d'écoute
II. des satellites de télécommunication
III. des satellites de navigation
IV. des satellites d'alerte anti-missile
V. des satellites de météorologie

A) I, II et III seulement
B) I, III et V seulement
C) I, III, IV et V
D) II, III, IV et V
E) I, II, III, IV et V

59. Selon l'auteur, en matière d'espace militaire, l'Allemagne pourrait dans quelque temps :
A) souffrir de coûts d'exploitation trop élevés
B) être moins compétitive sur le marché mondial
C) négocier avec les Américains le développement d'un système commun d'observation
D) bénéficier de transferts technologiques français
E) disposer d'une base de lancement

60. D'après l'auteur, la mise en place d'une Europe spatiale et militaire devient indispensable pour :
A) capitaliser les bénéfices de l'avance technologique
B) faire face à la multitude de foyers de tensions
C) mettre sur pied une politique autonome de défense et de sécurité européenne
D) permettre à l'espace civil européen de conserver une place sur l'échiquier mondial
E) soutenir un secteur industriel qui représente plusieurs millions d'emplois

QUESTIONS SUR LE TEXTE 6

61. À combien est estimée la croissance mensuelle d'Internet ?
A) 5 %
B) 10 %
C) 25 %
D) 40 %
E) 55 %

62. Comment l'auteur définit-il Internet ?
A) un service informatique
B) une ligne à haut débit
C) une interconnexion d'ordinateurs
D) un abonnement on line
E) une messagerie électronique

63. D'après le texte, qui a été à l'origine d'Internet ?
A) la communauté scientifique internationale
B) le ministère de la Défense américain
C) des universitaires américains
D) les groupes informatiques japonais
E) les cablo-opérateurs européens

64. Selon l'auteur, pour l'instant, les utilisateurs d'Internet paient seulement :
A) le prix de la connexion
B) un abonnement à une banque de données
C) un forfait pour les informations obtenues
D) l'acquisition du modem
E) les serveurs commerciaux

65. D'après le texte, le développement d'Internet repose jusqu'à présent sur :
A) l'aide des autorités publiques
B) des investissements limités en infrastructures
C) une gestion centralisée
D) les produits multimédias interactifs
E) les entreprises de vente par correspondance

66. Selon l'auteur, quels sont les obstacles qui pourraient ralentir le développement d'Internet ?
A) l'offre restreinte des banques de données
B) le choix de l'interactivité arborescente
C) la lourdeur des investissements
D) le taux assez faible d'équipement de ménages en micro-ordinateurs
E) la multiplication des standards

67. Selon l'auteur, quelle est la question fondamentale qui déterminera le développement d'Internet ?
A) les navigations deviendront-elles plus conviviales ?
B) la « cyberculture » sera-t-elle compatible avec le commerce virtuel ?
C) les ordinateurs familiaux ont-ils une puissance suffisante pour utiliser les produits multimédias ?
D) les entreprises sont-elles prêtes à développer leurs téléservices (téléachat, téléassistance...) ?
E) les consommateurs sont-ils prêts à accroître le budget consacré à ce type de loisirs ?

68. Selon l'auteur, le dynamisme de la demande de nouveaux services pour Internet sera fonction :
A) de la déréglementation du commerce mondial
B) de l'interventionnisme des pouvoirs publics
C) des évolutions démographiques
D) de l'amélioration de la conjoncture économique
E) de la généralisation du télétravail

69. Pour quelle raison les différents acteurs doivent-ils être capables de bien appréhender l'évolution de la demande potentielle ?
A) pour ne pas rater le virage des autoroutes de l'information
B) pour avoir accès aux marchés virtuels
C) pour segmenter le marché entre utilisateurs bien formés et débutants
D) pour ne pas surdimensionner les infrastructures
E) pour ne pas abandonner trop vite les anciens codes logiciels

70. Combien pèsera, selon les analystes, le marché Internet en 1997 ?
A) 1 milliard de dollars
B) 4 milliards de dollars
C) 10 milliards de dollars

D) 40 milliards de dollars
E) 100 milliards de dollars

71. Jusqu'à la fin des années 80, Internet était interdit à :
A) toute transmission numérique
B) tout piratage
C) toute censure
D) tout trafic commercial
E) tout cryptage des informations

72. Le prix des espaces publicitaires sur Internet pour des audiences comparables par rapport à ceux des médias classiques est :
A) cinq fois plus cher
B) dix fois plus cher
C) cinq fois moins cher
D) dix fois moins cher
E) du même ordre

TABLEAU DE CORRECTION DU QCM

1	*2*	*3*	*4*	*5*	*6*	*7*	*8*	*9*	*10*
A	**ACD**	**C**	**A**	**C**	**CE**	**D**	**BC**	**DE**	**C**
11	*12*	*13*	*14*	*15*	*16*	*17*	*18*	*19*	*20*
BE	**E**	**ABC**	**D**	**ACE**	**B**	**ADE**	**C**	**D**	**B**
21	*22*	*23*	*24*	*25*	*26*	*27*	*28*	*29*	*30*
C	**C**	**E**	**C**	**C**	**E**	**E**	**B**	**AE**	**AD**
31	*32*	*33*	*34*	*35*	*36*	*37*	*38*	*39*	*40*
D	**ACE**	**BC**	**D**	**AE**	**A**	**C**	**AC**	**B**	**D**
41	*42*	*43*	*44*	*45*	*46*	*47*	*48*	*49*	*50*
C	**C**	**AD**	**D**	**AB**	**D**	**E**	**E**	**E**	**C**
51	*52*	*53*	*54*	*55*	*56*	*57*	*58*	*59*	*60*
A	**D**	**E**	**A**	**B**	**E**	**BC**	**E**	**D**	**CD**
61	*62*	*63*	*64*	*65*	*66*	*67*	*68*	*69*	*70*
B	**C**	**B**	**A**	**B**	**CD**	**E**	**C**	**D**	**B**
71	*72*								
D	**B**								

OBJECTIFS DE L'ÉPREUVE ET ÉLÉMENTS D'ÉVALUATION

Cette épreuve a pour but de tester les candidats sur leur capacité à *lire* des textes portant sur des sujets différents quoique proches, à les *comprendre* et à les *mémoriser,* le tout en un temps limité.

Les candidats devront faire preuve de leur efficacité de lecture, à la fois au niveau de la rapidité et de la compréhension.

Pour se préparer à cette épreuve, il serait bon de s'entraîner quelque peu à *lire silencieusement, sans oraliser,* le plus rapidement possible.

L'acquisition de la rapidité en lecture ne doit cependant pas se faire au détriment de la compréhension, c'est pourquoi il est conseillé aux candidats de :

- s'entraîner également à *faire ressortir les idées principales d'un texte* de quelque nature qu'il soit,
- s'astreindre à *retenir certains éléments* paraissant moins importants au premier abord, mais qui s'avèrent parfois essentiels pour la bonne appréhension du texte.

Les objectifs de mémorisation et de compréhension permettent de sélectionner les candidats capables d'une bonne efficacité de lecture, ce qui ne peut que les bien disposer dans la suite de leurs études puisqu'ils devront se tenir au courant de la presse française et internationale, mais aussi lire un certain nombre de livres portant sur des sujets très différents…

Sans ces divers atouts, la tâche dans l'enseignement supérieur serait trop ardue.

ÉPREUVE DE RAISONNEMENT LOGIQUE ET EXPLOITATION DE DONNÉES QUANTITATIVES

Durée : 2 heures

Lisez attentivement les instructions suivantes avant de vous mettre au travail :
Pour chaque question de cette épreuve, vous seront proposées au plus quatre réponses (réponse A, réponse B, réponse C, réponse D).
Il y a une réponse juste et une seule par question, 60 au total. Vous pouvez vous abstenir de répondre à une question. Si vous indiquez plus d'une réponse par question, alors votre réponse sera considérée comme fausse.
Vous pouvez écrire sur l'énoncé du sujet et sur le papier brouillon qui vous a été fourni, **mais l'utilisation d'une calculatrice est strictement interdite pour cette épreuve.**
Vous vous servirez de la feuille jointe pour indiquer vos réponses en noircissant les cases situées au-dessus des lettres correspondantes.

IMPORTANT : Les graphiques de l'énoncé ne respectent pas obligatoirement les échelles.

ATTENTION : si vous désirez modifier votre première série de réponses à une question, **ne raturez pas,** mais indiquez votre nouvelle série de réponses sur la ligne de correction prévue à cet effet.
Exemple : vous souhaitez répondre B et C, puis après réflexion B et D.

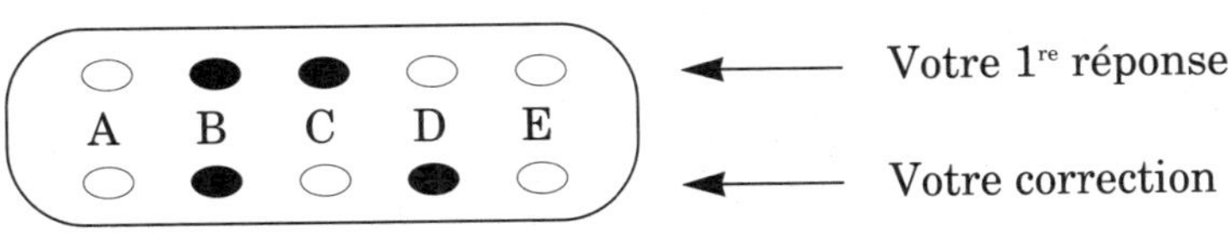

COEFFICIENTS ATTRIBUÉS À CETTE ÉPREUVE		
ESSCA **2**	**IÉSEG** **5**	**IPAG** **4**

1) Un directeur général a sous ses ordres 7 directeurs adjoints qui sont chacun responsables de 7 chefs de service, eux-mêmes dirigeant chacun 7 employés. Combien y-a-t-il de personnes dans l'entreprise ?

A) 399 *B)* 343
C) 344 *D)* 400

2) Trouver le nombre manquant dans la suite : 1, 2, 3, 5, 8, ?, 21, 34

A) 12 *B)* 9
C) 18 *D)* 13

3) Pierre possède un capital qu'il veut placer en banque au taux annuel de 8 %. La formule des intérêts composés nous précise qu'au bout de *N* années, son capital vaudra :

Capital Initial x (1 + Taux) ^{N}

Pendant combien d'années doit-il placer son capital pour le doubler ?

A) $N = \log_{10}(2) - \log_{10}(1,08)$ *B)* $N = \dfrac{\log_{10}(2)}{\log_{10}(1,08)}$

C) $N = \dfrac{\log_{10}(1,08)}{\log_{10}(2)}$ *D)* $N = \dfrac{Ln(1,08)}{Ln(2)}$

4) *La question 4 se rapporte à l'énoncé de la question 3.*
Ayant trouvé une autre banque, il réussira à doubler son capital en 5 ans. Quel est le taux proposé par cette banque ?

A) $\sqrt[5]{2}$ *B)* $\log_{10}(5) - \log_{10}(2)$

C) $\sqrt[5]{2} - 1$ *D)* $5Ln(2) - 1$

5)

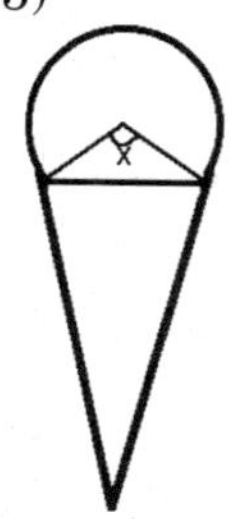

Un glacier lilliputien vend des cornets qui ont le profil suivant : un triangle isocèle de hauteur 5 cm surmonté de 3/4 de la circonférence d'un cercle de rayon 2 cm.

Que vaut l'angle X ?

A) 60 ° *B)* 90 °
C) 30 ° *D)* Il manque des données pour répondre à la question.

6) *La question 6 se rapporte à l'énoncé de la question 5.*
Quel est le périmètre de l'objet ?

A) $3\pi + 3\sqrt{3}$ *B)* $3\pi + 6\sqrt{3}$

C) $4\pi + 6\sqrt{3}$ *D)* $4\pi + 3\sqrt{3}$

7) Si la circonférence d'un cercle est de x mètres que vaut la surface de ce cercle ?

A) $\frac{x^2}{2\pi}$ *B)* $\frac{x^2}{4\pi^2}$

C) $\frac{x^3}{8\pi}$ *D)* $\frac{x^2}{4\pi}$

8) x campeurs pêchent pendant y heures. Si z campeurs parmi les x attrapent 2 poissons chacun par heure et que les autres en attrapent n au total, combien de poissons en moyenne attrape un campeur sur une heure ?

A) $\frac{n + 2yz}{y}$ *B)* $\frac{n + 2z}{xy}$

C) $\frac{n + 2yz}{xy}$ *D)* $n + \frac{2z}{x}$

9) Soit un repère orthonormé (Ox, Oy). Considérons 3 points de ce plan :
M de coordonnées (2, 5)
N de coordonnées (5, 6)
P de coordonnées (4, z).
Quelle doit être la valeur de z pour que le polygone MNP soit un triangle isocèle où MP = NP ?

A) 3,5 *B)* 4
C) 7 *D)* 2

10) *La question 10 se rapporte à l'énoncé de la question 9.*
Si nous cherchions l'ensemble des points P de coordonnées (w, z) tel que MP soit égal à NP, quelle serait la relation mise en évidence entre w et z ?

A) $w = (12 - z)/2$ *B)* $w = z$
C) $z = 16 - 3w$ *D)* $z = 8 - 2w$

11) Un fermier vend des veaux et des porcs, en tout 17 animaux pour une somme de x francs. Il y a 7 porcs de plus que de veaux et un porc vaut 1 000 francs de moins qu'un veau. Quel est le prix d'un porc ?

A) $\frac{x - 5000}{12}$ *B)* $\frac{x - 5000}{17}$

C) $\frac{x + 5000}{17}$ *D)* $\frac{x}{17} - 5000$

12) En 3 h, un robinet donne les 7/6 de l'eau que fournit un 2e robinet en 2 h. Combien d'eau les 2 robinets réunis donnent-ils en une heure si le débit du premier est inférieur de x litres à celui du 2e ?

A) $(9x)/2$ *B)* $(7x)/2$
C) x *D)* $8x$

13) Dans l'octogone régulier suivant, que vaut l'angle x ?

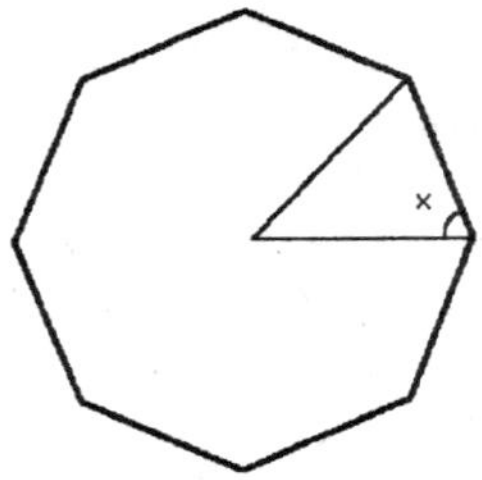

A) 22,5 ° *B)* 52,5 °
C) 67,5 ° *D)* 78,75 °

14) Vous possédez 2000 cubes de taille identique (côté = c). Ces cubes sont tous d'une couleur différente (2 000 couleurs différentes sachant que les 6 faces d'un même cube ont la même couleur). On vous demande d'empiler des cubes pour former un grand cube avec 3 petits cubes de côté (côté du grand cube = 3 c).
Combien de couleurs différentes sur l'ensemble des 6 faces de ce grand cube pouvez-vous observer ?

A) 54 *B)* 48
C) 26 *D)* 32

15) *La question 15 se rapporte à l'énoncé de la question 14.*
On vous demande d'empiler des cubes pour former un grand cube avec quatre petits cubes de côté (côté du grand cube = 4 c).
Combien de couleurs différentes sur l'ensemble des 6 faces de ce grand cube pouvez-vous observer ?

A) 64 *B)* 56
C) 96 *D)* 26

16) *La question 16 se rapporte à l'énoncé de la question 14.*
On vous demande d'empiler des cubes pour former un grand cube avec 10 petits cubes de côté (côté du grand cube = 10 c).
Combien de couleurs différentes sur l'ensemble des 6 faces de ce grand cube pouvez-vous observer ?

A) 576 *B)* 140
C) 600 *D)* 488

17) Pendant son voyage, un automobiliste a conduit 120 km à 60 km/h, 120 km à 80 km/h, 100 km à une vitesse inconnue x. Pendant quelle proportion de son temps de voyage a-t-il conduit à cette vitesse inconnue x ?

A) $\frac{7x+200}{2x}$ *B)* $\frac{100}{7x+200}$ *C)* $\frac{200}{7x+200}$

D) Il manque des données pour répondre à la question.

18) Un projectile est lancé à une vitesse définie par la fonction suivante de variable t :

$V(t) = -t^3 + 10t^2$ *t exprimé en secondes*

Au bout de combien de temps ce projectile va-t-il s'arrêter ?
A) 10 sec *B)* (20 / 3) sec *C)* (10 / 3) sec
D) Il manque des données pour répondre à la question.

19) *La question 19 se rapporte à l'énoncé de la question 18.*

À quel moment le projectile aura-t-il atteint sa vitesse maximale ?
A) 10 sec *B)* (20 / 3) sec *C)* (10 / 3) sec
D) Il manque des données pour répondre à la question.

20) *La question 20 se rapporte à l'énoncé de la question 18.*

Sachant que la fonction définissant l'accélération est la dérivée première de la fonction *V (t)*, à quel moment ce projectile aura-t-il atteint son accélération maximale ?
A) 10 sec *B)* (20 / 3) sec *C)* (10 / 3) sec
D) Il manque des données pour répondre à la question.

Les tableaux suivants se rapportent aux questions 21 à 23.

Le salaire des cadres *(Les dossiers de L'Expansion)*

Les augmentations globales de salaires se décomposent en augmentations générales (politique de l'entreprise) et en augmentations individuelles (négociation entre le cadre et sa direction).

Augmentations générales de salaires

Taux moyen des augmentations			
	accordées en 1993	***accordées en 1994***	***Prévues pour 1995***
Direction générale	1.50 %	1.83 %	1.70 %
Managers	1.90 %	1.90 %	1.70 %
Autres cadres	1.90 %	1.80 %	1.60 %

Proportion d'entreprises accordant des augmentations			
	accordées en 1993	***accordées en 1994***	***prévues pour 1995***
Direction générale	30 %	42 %	43 %
Managers	36 %	48 %	50 %
Autres cadres	47 %	50 %	60 %

Augmentations individuelles de salaires

Taux moyen des augmentations			
	accordées en 1993	***accordées en 1994***	***prévues pour 1995***
Direction générale	3.90 %	3.80 %	3.00 %
Managers	3.90 %	4.00 %	3.40 %
Autres cadres	3.90 %	3.40 %	3.30 %

Proportion d'entreprises accordant des augmentations			
	accordées en 1993	***accordées en 1994***	***prévues pour 1995***
Direction générale	76 %	71 %	72 %
Managers	66 %	65 %	67 %
Autres cadres	58 %	56 %	59 %

21) Quelle est la hausse moyenne des salaires des managers prévue en 1995 ?
A) 3,13 % *B)* 5,10 % *C)* 3,40 %
D) Il manque des données pour répondre à la question.

22) Quelle proportion des entreprises n'a pas effectué d'augmentation générale de salaires en 1994 ?
A) 50 % *B)* 0 % *C)* 46,6 %
D) Il manque des données pour répondre à la question.

23) Quel type de cadres a eu les meilleures augmentations générales de salaires de 1993 à 1995 ?
A) Direction générale *B)* Managers *C)* Autres cadres
D) Il manque des données pour répondre à la question.

Le schéma suivant se rapporte aux questions 24 et 25.

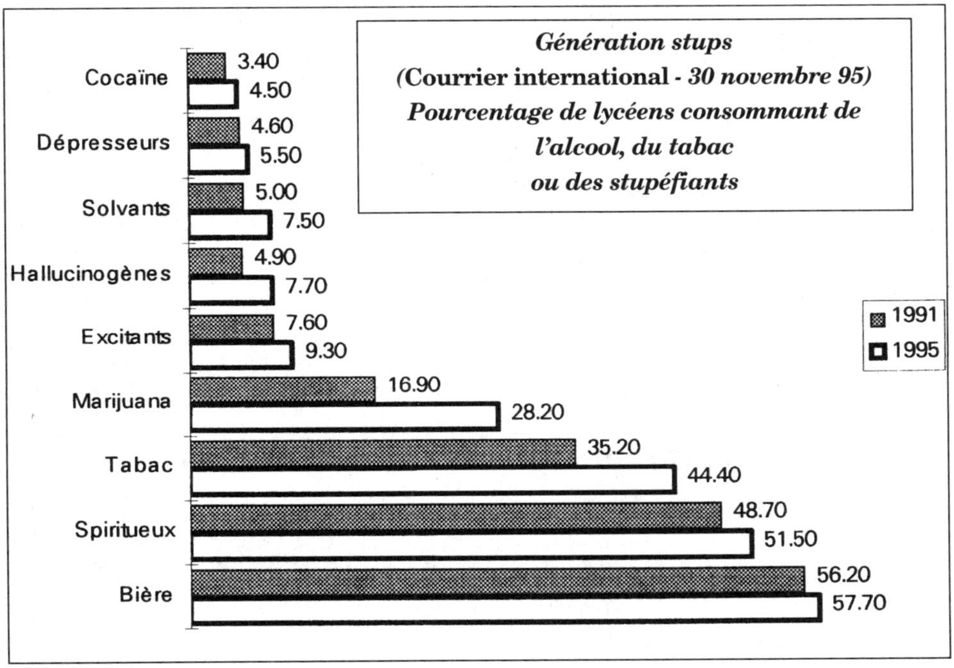

24) Quelle est la plus forte hausse de consommation entre 1991 et 1995 ?
A) La marijuana avec une hausse de 11,3 %
B) La marijuana avec une hausse de 67 %
C) Le tabac avec une hausse de 9,2 %
D) Le tabac avec une hausse de 26 %

25) En 1995, quel pourcentage de lycéens consomme au moins un des 9 produits cités ?
A) environ 18 % *B)* environ 58 % *C)* environ 160 %
D) Il manque des données pour répondre à la question.

26) Deux communes de 1 500 habitants et de 1 640 habitants s'associent pour construire un réservoir d'eau potable. On prévoit une consommation moyenne de 100 litres par jour et par habitant. La cuve est un cylindre de 5 mètres de rayon et doit contenir l'eau pour 2 jours. Elle ne peut être remplie qu'aux 4/5 de sa hauteur. Quel doit être la hauteur approximative du réservoir ?
A) 25 m *B)* 10 m *C)* 5 m
D) Il manque des données pour répondre à la question.

27) Une société immobilière possède un immeuble qui lui a coûté 2 700 000 F. Le prix de revient est la somme :
- du prix d'achat,
- des frais d'acquisition qui représentent 20 % du prix d'achat,
- des frais de réfection qui représentent 25 % du montant des frais d'acquisition,
- des frais d'aménagement extérieurs qui s'élèvent à 200 000 F.

Quel était le prix d'achat de l'immeuble ?

A) 1 725 000 F *B)* 2 000 000 F
C) 2 275 000 F *D)* 2 400 000 F

28) *La question 28 se rapporte à l'énoncé de la question 27*
L'immeuble est loué 100 000 F par an. Quel pourcentage du prix d'achat représente le montant du loyer ?

A) environ 4,2 % *B)* environ 5,8 %
C) environ 4,4 % *D)* environ 5 %

Le schéma suivant se rapporte aux questions 29 et 30.

L'avenir des sociétés en dépôt de bilan

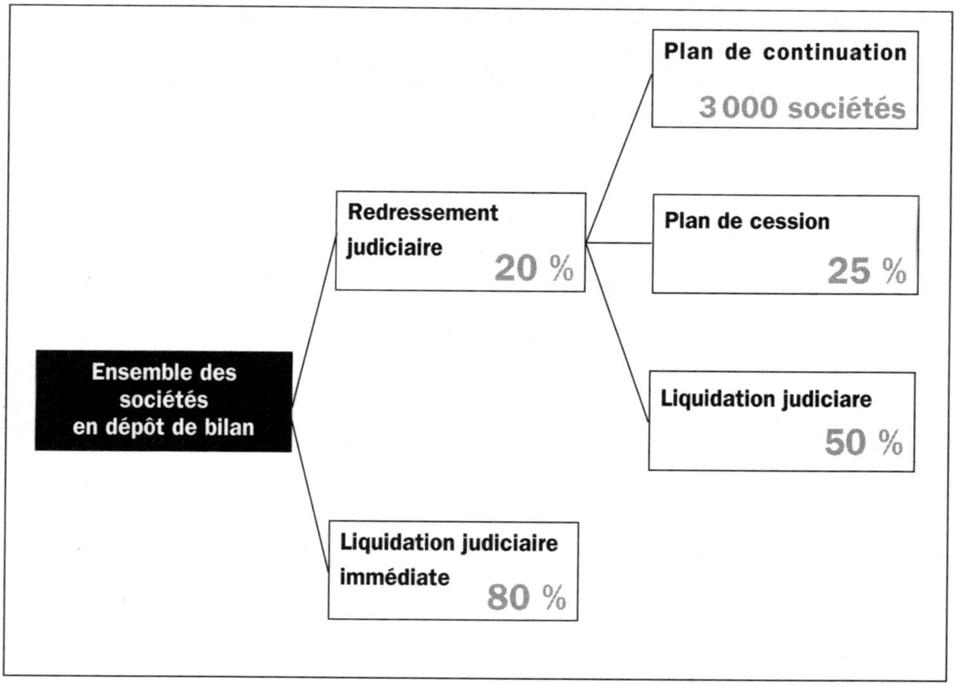

29) Combien y-a-t-il de sociétés en dépôt de bilan ?

A) 12 000 *B)* 60 000 *C)* 30 000
D) Il manque des données pour répondre à la question.

30) Combien de sociétés finiront en liquidation judiciaire ?
A) 48 000 *B)* 6 000 *C)* 54 000
D) Il manque des données pour répondre à la question.

31) Pour un sondage sur les moyens de transport, on a posé 3 questions à 1 000 personnes :
1) Utilisez-vous la voiture (oui/non) ?
2) Utilisez-vous le vélo (oui/non) ?
3) Utilisez-vous la moto (oui/non) ?
Les résultats suivants ont été obtenus :
- ◆ 50 % des personnes interrogées utilise la voiture
- ◆ 20 % des personnes interrogées utilise le vélo
- ◆ 5 % des personnes interrogées utilise la moto.

Quel pourcentage de ces personnes utilise au moins un des ces trois moyens de transport? (Choisir la réponse correcte la plus précise possible.)
A) Impossible à déterminer mais entre 5 et 50 %
B) Impossible à déterminer mais entre 50 et 75 %
C) Impossible à déterminer mais entre 5 et 75 %
D) 25 %

32) Un atelier de reprographie a photocopié 1 000 documents à la vitesse de 500 documents à l'heure. Un autre atelier a photocopié 2 000 documents de même nature à la vitesse de 200 documents à l'heure. Quelle est la vitesse moyenne pour photocopier les 3 000 documents?
A) 1 500 documents à l'heure *B)* 250 documents à l'heure
C) 700 documents à l'heure *D)* 6 documents à la minute

33) Un thermomètre défectueux indique $+1°$ dans la glace fondante où il devrait indiquer $0°$. Dans la vapeur d'eau bouillante, il indique $+111°$ à la place de $+100°$. Sachant qu'il déforme de manière linéaire les températures, quelle est la température réelle lorsqu'il indique $+23°$?
A) environ 21° *B)* environ 25°
C) environ 20° *D)* environ 13°

34) Deux urnes contiennent chacune 2 boules noires et 3 boules blanches. On tire une boule d'une urne; on note sa couleur et on la remet dans l'autre urne. On tire alors une boule de cette 2ᵉ urne, on note sa couleur. Quelle est la probabilité d'avoir noté 2 fois la couleur noire?
A) 1 chance sur 2 *B)* 1 chance sur 5
C) 3 chances sur 5 *D)* 5 chances sur 6

35) Une enquête sociologique a démontré que la Française moyenne de plus de 18 ans achète un manteau 3 fois sur 4 si elle n'en a pas acheté l'année précédente, mais une fois sur 5 seulement si son dernier manteau n'a qu'un an. Or, le nombre de manteaux vendu est stable d'un hiver à l'autre (après correction des écarts dus aux variations démographiques et climatiques). Quel est le

nombre de manteaux que l'on peut prévoir de vendre l'hiver prochain dans une ville comportant 31 000 habitants de sexe féminin et de plus de 18 ans ?

A) 16 000 *B)* 15 000
C) 15 500 *D)* 8 500

36) Pour étudier l'influence de la presse sur l'opinion des lecteurs, on a constitué un échantillon de 100 personnes dont :
◆ 16 ne lisent que la revue L
◆ 40 lisent au moins la revue M
◆ 15 ne lisent que la revue N
◆ 6 lisent les 3 revues L, M, N
◆ 9 lisent au moins les revues L et M
◆ 4 ne lisent que les revues L et N
◆ 5 ne lisent que les revues M et N

Combien de personnes de cet échantillon ne lisent aucune des 3 revues ?

A) 25 *B)* 26
C) 0 *D)* 5

37) Un opérateur de saisie peut traiter quatre questionnaires par heure. À ce rythme, quelle part d'un questionnaire peut-il saisir en *m* minutes ?

A) $\frac{m}{15}$ *B)* $\frac{15}{m}$
C) $\frac{2}{15-m}$ *D)* $\frac{1}{15m}$

38) Un groupe de *n* étudiants décide de louer un appartement aux sports d'hiver. Le loyer est de *x* francs. À la dernière minute, trois étudiants décident de ne pas participer au voyage. Combien chaque participant doit-il payer en plus par rapport au montant prévu initialement ?

A) $\frac{x}{n-3}$ *B)* $\frac{3x}{n(n-3)}$
C) $\frac{x}{n}$ *D)* $\frac{x}{n-3}+\frac{x}{n}$

39) La somme de trois nombres entiers successifs quelconques est :
A) toujours divisible par 2
B) toujours divisible par 3
C) toujours divisible par 2 et 3
D) n'est systématiquement divisible ni par 2, ni par 3

40) Marcel, Jean et Roger travaillent dans trois sociétés de transport : Speedfioul, Frigolux et Transports de Provence. Différentes livraisons sont à effectuer par eux à Angers, Lille et Nice. Roger conduit des camions-citernes pour Speedfioul, mais n'a pas de livraison à effectuer à Angers. La société Frigolux doit livrer un chargement de fleurs à Lille. Jean n'a pas

non plus de livraison à effectuer à Angers. Les Transports de Provence n'ont pas de livraison pour Nice.
Pour quelle société travaille Marcel ?
A) Speedfioul *B)* Frigolux *C)* Transports de Provence
D) Il manque des données pour répondre à la question.

41) *La question 41 se rapporte à l'énoncé de la question 40.*
Dans quelle ville doit livrer Jean ?
A) Nice *B)* Lille *C)* Angers
D) Il manque des données pour répondre à la question.

42) Une chaîne de magasins organise chaque année des soldes « à l'américaine ». Chaque jour, le responsable du magasin affiche une baisse des prix de 10 % par rapport aux prix de la veille. Au bout de quatre jours, la baisse cumulée par rapport aux prix initiaux est de :
A) 40 % *B)* 34,39 %
C) 46,41 % *D)* 42,50 %

43) Sachant que $PR = RQ = m$ et que $PS = SQ = PQ = n$, quel est le périmètre du quadrilatère PRQS dans cette figure ?

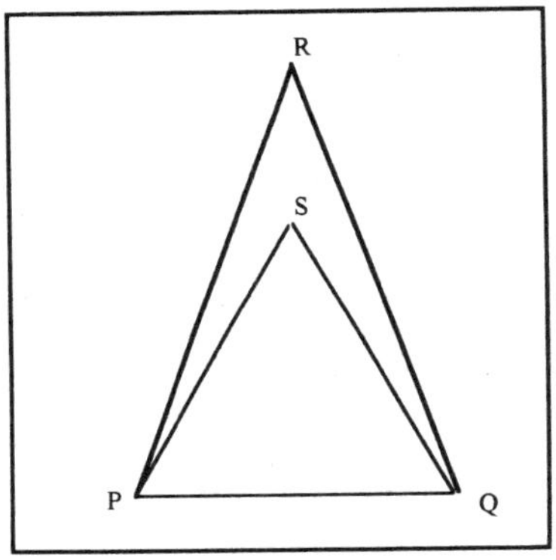

A) $(mn)^2$ *B)* $2m + n$

C) $2m^2\sqrt{n}$ *D)* $2(m + n)$

44) Quel est le volume d'un cube dont la surface est de $96t^2$?
A) $64t^2$ *B)* $16t^3$
C) $96t^3$ *D)* $64t^3$

45) Cette figure représente deux carrés de côtés n, formant le rectangle IJNM. JL est la diagonale du carré IJKL. JM est la diagonale du rectangle IJNM. Quel est le rapport entre les longueurs de ces deux diagonales ?

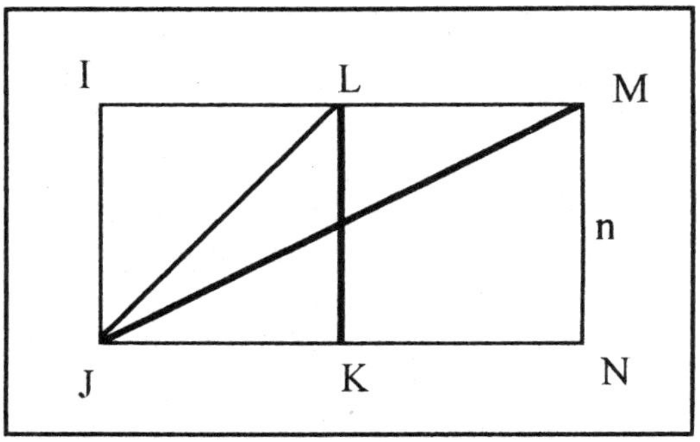

A) $\frac{\sqrt{n}}{3}$ *B)* $\sqrt{2}$

C) $\frac{\sqrt{2}}{\sqrt{5}}$ *D)* $\frac{n}{\sqrt{2}}$

46) Un entraîneur de basket-ball dispose de 12 joueurs, dont 8 attaquants et 4 défenseurs, pour constituer son équipe (5 joueurs). Il décide d'adopter une stratégie défensive pour son prochain match et souhaite former un trio de défenseurs et un duo d'attaquants. Combien de duos d'attaquants peut-il sélectionner ?

A) 4 *B)* 28

C) 56 *D)* 16

47) *La question 47 se rapporte à l'énoncé de la question 46.*
Quelle est la différence entre le nombre de trios différents qu'il peut former et le nombre de duos différents possibles ?

A) 3 *B)* 4

C) 12 *D)* 24

48) Si $y > 0$ et $y - x = \frac{x}{y}$, quelle est la valeur de x en fonction de y ?

A) $\frac{y^2}{1+y}$ *B)* $\frac{y^2}{1-y}$

C) $\frac{1+y}{y^2}$ *D)* $\frac{1-y}{y^2}$

49) Que vaut $61^2 - 29^2$?

A) 32^2 *B)* 2 880

C) 5 670 *D)* 3 856

50) Le prix d'un article soldé est de 115 F, après l'application d'une baisse de 15 %. Quel était son prix avant cette baisse ?

A) environ 100 F *B)* environ 97,75 F

C) environ 135,29 F *D)* environ 130 F

51) Dans une bibliothèque municipale, il y a une salle de lecture et une salle de prêt. Les étagères de la salle de lecture comptent 1 390 ouvrages en langue française et 215 ouvrages en langues étrangères. La salle de prêt compte 5 900 ouvrages en langue française et 780 ouvrages en langues étrangères. Quelle est la proportion de livres en langues étrangères dans cette bibliothèque ?

A) 15 % *B)* plus de 15 % *C)* moins de 15 %

D) Il manque des données pour répondre à la question.

52) Quelle est la proportion de la surface noircie par rapport à la surface complète du carré dans le dessin ci-contre ?

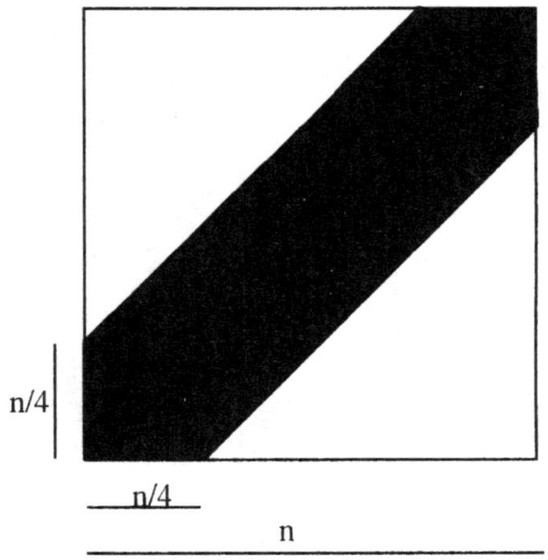

A) $\frac{1+3\sqrt{2}}{16}$ *B)* $\frac{7}{16}$

C) $\frac{1+\sqrt{2}}{4}$ *D)* $\frac{9}{16}$

53) Deux amis se donnent un rendez-vous « informel » entre 17 h et 18 h. Le premier arrivé attendra l'autre pendant un quart d'heure maximum. Quelle est la probabilité qu'ils se rencontrent ?

A) $\frac{9}{16}$ *B)* $\frac{1+3\sqrt{2}}{16}$

C) $\frac{7}{16}$ *D)* $\frac{1+\sqrt{2}}{4}$

Le tableau suivant se rapporte aux questions 54 à 56.

Dans une maternité, les statistiques des naissances sont reportées dans le tableau suivant :

	Naissances de jour	*Naissances de nuit*
Garçons	48	53
Filles	43	56

54) Quelle est la proportion des naissances de jour dans cette maternité ?
A) 46,50 % *B)* 50 %
C) 45,50 % *D)* 52,75 %

55) Quelle est la proportion de garçons nés pendant la nuit par rapport au total des naissances ?
A) 26,50 % *B)* 52,75 %
C) 48,62 % *D)* 46,43 %

56) Quelle est la proportion de filles nées dans cette maternité par rapport au total des naissances ?
A) 52 % *B)* 49,50 %
C) 53,85 % *D)* 53,61 %

57) Que vaut $\sqrt{1+\frac{1}{49}-\frac{2}{7}}$?

A) $\frac{8}{13}$ *B)* $\frac{6}{7}$

C) $\sqrt{\frac{15}{14}}$ *D)* $\frac{3}{49}$

58) Antoine et ses sœurs Fabienne et Christine, Daniel, Emmanuel et Brigitte sont partis ensemble dans un club de vacances équestre. Voici quelques extraits des cartes postales que vous avez reçues :

- Je passe mon temps à traîner le caddie de mon beau-frère au golf au lieu de monter à cheval, comme j'avais prévu. – Signé Christine
- Jamais je ne monterai sur une planche de surf, c'est bien trop dangereux pour moi. – Signé Daniel
- Nous te laissons, #¥#??!# notre joueuse de tennis va démarrer sa partie et nous sommes réquisitionnés en tant que juges de ligne. – Signé Antoine et Brigitte
- Hier j'ai assisté avec Antoine et notre champion de pétanque à une compétition de planche à voile fabuleuse. – Signé Emmanuel
- Christine, ma sœur, a pris un coup de soleil pendant qu'elle regardait son mari faire du ski nautique : une vraie tomate. – Signé Fabienne

Sachant que chacun des six a un sport de prédilection, qui est l'amie #¥#??!# (dont le nom est illisible et qui joue au tennis) ?

A) Fabienne *B)* Christine *C)* Brigitte
D) Il manque des données pour répondre à la question.

59) *La question 59 se rapporte à l'énoncé de la question 58.*
Quel est le sport favori de Daniel ?
A) Tennis *B)* Ski nautique *C)* Pétanque
D) Il manque des données pour répondre à la question.

60) *La question 60 se rapporte à l'énoncé de la question 58.*
Qui joue au golf ?
A) Antoine *B)* Daniel *C)* Emmanuel
D) Il manque des données pour répondre à la question.

TABLEAU DE CORRECTION DU QCM

1	*2*	*3*	*4*	*5*	*6*	*7*	*8*	*9*	*10*
D	**D**	**B**	**C**	**B**	**B**	**D**	**C**	**B**	**C**
11	*12*	*13*	*14*	*15*	*16*	*17*	*18*	*19*	*20*
B	**D**	**C**	**C**	**B**	**D**	**C**	**A**	**B**	**C**
21	*22*	*23*	*24*	*25*	*26*	*27*	*28*	*29*	*30*
B	**D**	**B**	**B**	**D**	**B**	**B**	**D**	**B**	**C**
31	*32*	*33*	*34*	*35*	*36*	*37*	*38*	*39*	*40*
B	**B**	**C**	**B**	**B**	**A**	**A**	**B**	**B**	**C**
41	*42*	*43*	*44*	*45*	*46*	*47*	*48*	*49*	*50*
B	**B**	**D**	**D**	**C**	**B**	**D**	**A**	**B**	**C**
51	*52*	*53*	*54*	*55*	*56*	*57*	*58*	*59*	*60*
C	**B**	**C**	**C**	**A**	**B**	**B**	**A**	**C**	**C**

ÉPREUVE DE PREMIÈRE LANGUE
ANGLAIS

Durée 1 h 30

Lisez attentivement les instructions suivantes avant de vous mettre au travail :

Il y a une réponse juste et une seule par question, 100 au total. Vous pouvez vous abstenir de répondre à une question. Si vous indiquez plus d'une réponse par question, alors votre réponse sera considérée comme fausse.

Vous vous servirez de la feuille jointe pour indiquer vos réponses en noircissant les cases situées au-dessus des lettres correspondantes.

ATTENTION : si vous désirez modifier votre première série de réponses à une question, **ne raturez pas,** mais indiquez votre nouvelle série de réponses sur la ligne de correction prévue à cet effet.
Exemple : vous souhaitez répondre B, puis après réflexion D.

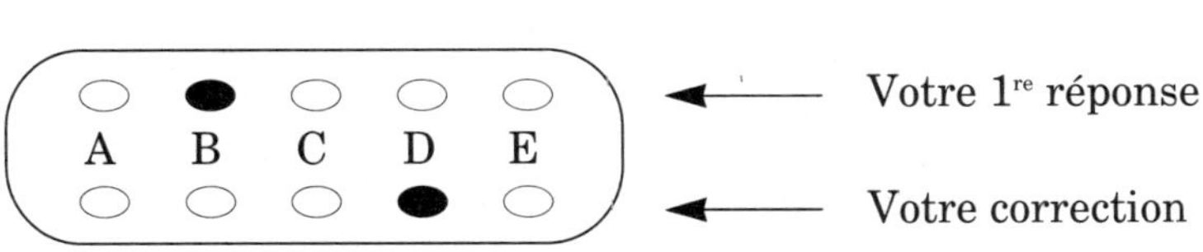

Les réponses justes sont comptabilisées : + 1
Les réponses fausses sont comptabilisées : – 0,2

COEFFICIENTS ATTRIBUÉS À CETTE ÉPREUVE		
ESSCA **1,5**	**IÉSEG** **2**	**IPAG** **3**

1. I can't understand why he .... so selfish. He isn't usually like that.
   A) is B) be
   C) is being D) had been

2. Susan is on holiday. She .... to Italy.
   A) has been B) has gone
   C) went D) was

3. We .... John in town yesterday, but he ....us. He .... the other way.
   A) were seeing – didn't see – looked
   B) saw – didn't watch – was looking
   C) saw – didn't see – was looking
   D) were seeing – didn't watch – looked

4. What's in the paper today? I don't know I ....
   A) didn't read it. B) have just read it.
   C) didn't read it already D) haven't read it yet.

5. I .... about what you said and. I .... to take your advice.
   A) have been thought – have decided
   B) have been thinking – decided
   C) have been thinking – have decided
   D) have thought – decided

6. I .... the book you lent me but I .... it yet.
   A) am reading – am not finishing
   B) have read – have not finished
   C) have been reading – have not finished
   D) was reading – finished

7. How many plays .... Shakespeare .... ?
   A) did – write B) has – written
   C) wrote D) has – wrote

8. They love the cinema, but they .... to see a film .... ages.
   A) didn't go – since B) haven't gone – since
   C) didn't go – for D) haven't been – for

9. I .... he was unfriendly but now I realise that he is a nice person.
   A) used to think B) was used to thinking
   C) used to be thinking D) was using to think

10. I .... this evening, I feel like .... at home.
    A) not go out – staying B) not going out – staying
    C) will not going out – to stay D) am not going out – staying

11. I asked her what happened, but she .... me.
    A) won't say B) won't tell
    C) doesn't tell D) doesn't say

12. Philip is in the USA. He .... his......... money very quickly. If he continues like this he .... all his money before the end of the week!
    A) spends – will spend B) is spending – spends
    C) is spending – will have spent D) spends – will have spent

13. Did you have difficulty .... the .... door? No, with the new key we .... open it easily.
    A) to open – could B) opening – were able to
    C) to open – were able to D) opening – could

14. I .... find my umbrella, I .... it in the restaurant last night.
    A) don't – have left B) can't – should have left
    C) can't – must have left D) don't – ought to have left

15. Stop .... ! You .... wake the baby!
    A) to shout – mustn't B) shouting – mustn't
    C) to shout – don't have to D) shouting – don't have to

16. You .... walked home, you .... taken a taxi.
    A) haven't to – could B) needn't – might have
    C) needn't have – could have D) haven't to – could have

17. My train leaves in 10 minutes, I .... go now or I'll be late.
    A) had better B) would
    C) would better D) ought

18. If we .... Steve to the party we .... his friends too.
    A) are inviting – are inviting B) invite – will invite
    C) invite – would invite D) invite – would have to invite

19. I'm .... looking for a job but I hope .... something soon.
    A) yet – to find B) already – finding
    C) still – to find D) ever – finding

20. When I went for .... my father .... his car.
    A) a job rendez vous – permitted to me to use
    B) a job appointment – allowed me to use
    C) a job interview – let me use
    D) a job meeting – borrowed to me

21. John's parents always encouraged him .... at school.
A) to study hard B) studying hard
C) to study with difficulty D) studying with difficulty

22. My French friends soon .... on the left.
A) got used to drive B) used to driving
C) got used to driving D) used to drive

23. When I'd finished Tom thanked ....
A) me to help him B) me for help him
C) to me for help D) me for helping him

24. She never concentrates, she .... a lot of time daydreaming!
A) wastes B) uses
C) looses D) utilises

25. .... drinking if you're not thirsty!
A) There's no need B) It's not worth
C) It's no use D) It's not normal

26. Carl is very ....
A) interesting to talk to him B) interesting to talk to
C) interesting to speak to him D) interesting to speak to

27. Peter is very intelligent, he is .... to .... the exam.
A) obligated – succeed B) certainly – pass
C) sure – success D) bound – pass

28. When the problem .... we were .... the building.
A) passed – stopped to leave B) occurred – prevented from leaving
C) happened – to stop leaving D) arrived – to be prevented leaving

29. When I leave .... I want to go .... university.
A) the school – to B) the school – in
C) school – to D) school – in

30. The police .... to .... two men about the accident.
A) are wanting – question B) wants – question
C) want – interrogate D) wants – interrogate

31. The .... gave the book a good .... review.
A) reporters B) critics
C) interviewer D) translators

32. There was a loud .... and a hole .... appeared in the ice!
A) ring B) smash
C) knock D) crack

33. Please be quiet I can't .... the .... teacher speak.
A) listen ✓B) hear R
C) receive D) capture

34. Negotiations were suspended with the .... of further disruption.
A) demand ✓B) threat ! R
C) note D) swearing

35. He has impressed his employers considerably and .... he is soon to be promoted.
✗A) so B) nevertheless F
✓C) yet D) eventually

36. The children's toys were .... all over the floor.
✓A) sprayed B) dispersed F
✗C) scattered D) separated

37. A) The girl has a right hand in her pocket.
B) The girl has her right hand in a pocket. R
✓C) The girl has her right hand in her pocket.
D) The girl has a right hand in a pocket.

38. ✓A) What is this person like? R
B) What likes this person?
C) What this person does like?
D) What this person is like?

39. A) How is marvellous that story!
✓B) How marvellous is that story! F
✗ C) How marvellous that story is!
D) How that story is marvellous!

40. A) Whatever is the matter to her?
✓B) What ever is the matter with her? R
C) Whatever is the matter her?
D) Whatever the matter with her is?

41. .... what I do I'm always wrong!
A) Not enough B) Yet R
✓C) No matter D) Still

42. Linford Christie .... to win the race!
A) is desired B) is wanted R
C) is hoped ✓D) is expected

S VISA

LV1 – Anglais

43. He hated visiting the farm they always .... goats's milk.
A) made him to drink
B) made him drink
C) made him drinking
D) made him drunk

44. .... you .... You'll make yourself very ill!
A) It's good time – stopped to smoke
B) It's long time – stopped smoking
C) It's right time – stopped to smoke
D) It's high time – stopped smoking

45. I insist that you .... what the police......... .
A) say – told you
B) say to me – told you
C) tell me – said
D) tell to me – said you

46. OK I'll do it, you don't have to......... .
A) twist my arm
B) shake my arm
C) pull my arm
D) break my arm

47. .... Christmas has become a commercial gimmick.
A) According to me
B) In my mind
C) As far as I'm concerned
D) To my opinion

48. Their success was the result of excellent team work they all ....
A) helped themselves
B) helped one another
C) helped the one the other
D) helped every other

49. The sight was .... She was wearing a .... hat.
A) humorous – pink large plastic
B) hilarious – large pink plastic
C) humorous – plastic large pink
D) hilarious – large and pink plastic

50. The examination was easy, only .... failed.
A) a few
B) certains
C) a little
D) a lot

51. "It's really hot today!" "Yes, and the temperature .... ".
A) still rises
B) is still raising
C) is still rising
D) still raises

52. She .... five years ago.
A) dead
B) died
C) has died
D) is dead

53. Let's go .... ?
A) don't we
B) will we
C) let us
D) shall we

54. He hasn't given us .... about the project.
A) much information
B) many informations
C) lot information
D) a lot of informations

55. So far no real damage has ....
A) been doing
B) been done
C) been making
D) been made

56. I read a newspaper because I like to know the .... news.
A) last
B) ultimate
C) newest
D) latest

57. The .... situation is improving slowly but surely.
A) economy
B) economical
C) economics
D) economic

58. What a coincidence that you said that! I just had the .... idea.
A) same
B) like
C) alike
D) identical

59. If we tried harder, we could .... with our present resources.
A) do make
B) make do
C) make
D) make to do

60. I found his clothes .... in a pile on the beach.
A) lying
B) laying
C) lay
D) lain

61. I promise you I'll come. I won't let you ....
A) off
B) up
C) down
D) through

62. He broke her heart, she'll never get .... it!
A) over
B) by
C) to
D) out of

63. When you're travelling, look .... pickpockets!
A) up to
B) after
C) forward to
D) out for

64. She's got a lot of imagination, she always comes .... good ideas.
A) round
B) across
C) up with
D) by

65. The meeting broke .... at five o'clock to be reconvened the following-morning.
A) away B) up
C) through D) out

66. I didn't want to go but he talked me .... it.
A) into B) round
C) to D) through

67. Hold .... I'll put you ....
A) down – up
B) up – down
C) on – through
D) in – out

68. Be quick, you'll run .... time!
A) through B) into
C) over D) out of

69. He said he'd be on time, but he turned .... late.
A) to B) up
C) over D) round

70. She took .... the excellent offer.
A) up B) over
C) down D) to

"Let this be a .... (71) .... " he said, as he returned their work. I know the .... (72) .... (73) .... the concert last night didn't have time to do their .... (74) .... properly. You should have been working proving your .... (75) .... to be successful in the university entrance examinations you will be .... (76) .... shortly. You don't seem to realise the .... (77) .... there will be for places next year If you .... (78) .... you'll be coming back .... (79) .... for justice expecting us to .... (80) .... solutions because you .... (81) .... the situation in which you find yourselves. You must be .... (82) .... and .... (83) .... the work necessary to .... (84) .... a place at university. Hard work .... (85) .... brings results!!

71. A) warning B) avertisement C) caution D) prevention
72. A) affluence B) people C) many D) lot
73. A) assisting B) looking C) experiencing D) attending

74.	A) studies	B) homework	C) housework	D) revisions
75.	A) capability	B) capacity	C) ability	D) probability
76.	A) taking	B) passing	C) succeeding	D) writing
77.	A) concurrence	B) match	C) competition	D) concurent
78.	A) fail	B) error	C) mistake	D) disaster
79.	A) crying	B) imploring	C) speaking	D) reclaiming
80.	A) furnish	B) solve	C) improve	D) provide
81.	A) resent	B) feel	C) maintain	D) push
82.	A) sensitive	B) sensual	C) sensible	D) senseless
83.	A) introduce	B) put in	C) furnish	D) include
84.	A) certain	B) assure	C) succeed	D) be sure of
85.	A) eventually	B) perhaps	C) lastly	D) finitely

READING COMPREHENSION

Virgin to launch new wedding service

Richard Branson is to enter the £100 million a year wedding market with a one-stop marriage business called Virgin Bride. Blushing brides and bewildered bridegrooms wishing to smooth the path from engagement to honeymoon may soon be able to plan the entire day by leafing through a brochure or walking the aisles of a wedding store. Virgin, Branson's multi-million pound company which already gives its name to an airline, cola drink and vodka, has set up the perhaps optimistically named Virgin Bride. The organisation is at the planning stage, but it hopes to provide a comprehensive wedding service where couples can order everything from placemats to bouquets, car hire to dresses all at once. Honeymoon packages will also be available. The idea came from a Virgin employee who was about to get married and realised that there was potential to profit from nuptial preparations. She drew up a business plan and presented it to Virgin executives.

86. A) Richard Branson is a businessman.
    B) Richard Branson is a priest.
    C) Richard Branson is getting married.
    D) Richard Branson is already in the marriage business.

87. In this new wedding concept people :
    A) Will be able to choose a partner from a brochure.
    B) Will be able to choose everything they need from a brochure.
    C) Will be able to spend the day on honeymoon.
    D) Will be able to get married in a store.

88. A) Virgin Bride is the name of Branson's new company.
    B) Virgin Bride is the name of Branson's wife.
    C) Virgin Bride is a shop.
    D) Virgin Bride is a catalogue.

89. A) Virgin Bride was set up a few months ago.
B) Virgin Bride plans to sell cars.
C) Virgin Bride plans to sell cola and vodka.
D) Virgin Bride is not yet functioning.

90. The plan was put forward by :
A) Someone who was a young virgin.
B) Someone from another company belonging to Richard Branson.
C) Someone who had just got married.
D) Someone who was in love with Richard Branson.

Useless homework

Homework is like a treasured old complaint that has been uncomfortably aching for thirty years in my memory and must have caused much misery for much longer than that. It is what teachers complain is not done, or not done tidily or carefully. It is what teachers complain gives them mountains of exercise books to carry from home to school and from school to home and so on ad infinitum.

It is what prevents teachers from preparing their lessons. It is what children do hurriedly on buses. It is what parents can no longer help their children with because they do not understand modern methods. It is what causes exercise books to become lost and dog-eared. In an age of leisure it is what can have adolescent children working in solitary rooms till 10 or 11 pm. while their parents watch television.

On any measure, used as a general method it can be probably shown to be educationally counter productive. Because it is so frequently not done it weakens the authority of the school and the teacher. Because it is often done hurriedly and without the teacher's supervision it is often badly presented and erroneous. Worst of all it is not always corrected, and what could diminish motivation more? It actually interferes with teaching because the rituals of setting, handing back, commenting on, collecting marks; preparing for the next piece of homework can well occupy the whole teaching space available and appear to be what education is all about.

According to the text :

91. A) The author remembers homework with pleasure.
B) The author remembers homework with pain.
C) The author is young.
D) The author is a teacher.

92. A) Teachers only take homework home occasionally.
B) Teachers never take homework home.
C) Teachers are always having to take homework home.
D) Teachers do not correct carefully.

93. A) Children always do homework alone.
B) Children always get help from their parents.
C) Children often stay up late to do their homework.
D) Children watch TV and do their homework at the same time.

94. A) Homework is often full of mistakes and messy.
B) Homework is often lost.
C) Homework makes teachers respected.
D) Homework motivates children to work harder.

95. A) Homework improves teaching.
B) Homework is essential for progress to be made.
C) Teachers should give homework every lesson.
D) Teachers spend whole classes dealing with past and future homework.

Extract from the "Age of Unreason" by Charles Handy Harvard Business School Press.

Less than half the workforce in the industrialised world will be in "proper" full-time jobs in organisations by the beginning of the twenty-first century. Those full-timers or insiders will be the new minority, just when we had begun to think that proper jobs were the norm for everyone. The others will not all be unemployed, although in every country there will be some people who belong to this "reserve army" as Marx called it. More will be self employed, more and more every year ; many will be part-timers or temporary workers, sometimes because that's the way they want it, sometimes because it is all that is available. And then there is, everywhere, another reserve army of women in waiting, those whom the OECD so accurately calls, "unpaid domestic workers", mothers whose talents and energies are not totally absorbed by their families. Add these disparate groups together and already they just about equal the numbers of those with full-time proper jobs.

In the early days of the 21st century :

96. A) There will be a high percentage of people with full-time jobs.
B) There will be fewer than 50 % of people with full-time jobs.
C) There will be just over 50 % of people with full-time jobs.
D) There will be just under 50 % of people working inside buildings.

97. A) Many people will join the army.
B) Not many people will have their own business.
C) Some people will work part-time because they want to.
D) No-one will really want to work part-time.

In the early years of the 21st century :

98. A) Women will join the army.
B) Women will be too busy to work.
C) Women will be paid for domestic work.
D) Women will work from time to time.

99. A) People will consider working full-time as normal.
B) People will alter their conception of work.
C) People will only work part-time.
D) People will consider unemployment as normal.

100. "These disparate groups"s refers to :
A) Self-employed workers, temporary staff, housewives and mothers.
B) Women without work.
C) Talented and energetic mothers.
D) Part-timers and temporary workers.

TABLEAU DE CORRECTION DU QCM

1	*2*	*3*	*4*	*5*	*6*	*7*	*8*	*9*	*10*
C	**B**	**C**	**D**	**C**	**C**	**A**	**D**	**A**	**D**
11	*12*	*13*	*14*	*15*	*16*	*17*	*18*	*19*	*20*
B	**C**	**B**	**C**	**B**	**C**	**A**	**D**	**C**	**C**
21	*22*	*23*	*24*	*25*	*26*	*27*	*28*	*29*	*30*
A	**C**	**D**	**A**	**C**	**B**	**D**	**B**	**C**	**A**
31	*32*	*33*	*34*	*35*	*36*	*37*	*38*	*39*	*40*
B	**D**	**B**	**B**	**A**	**C**	**C**	**A**	**C**	**B**
41	*42*	*43*	*44*	*45*	*46*	*47*	*48*	*49*	*50*
C	**D**	**B**	**D**	**C**	**A**	**C**	**B**	**B**	**A**
51	*52*	*53*	*54*	*55*	*56*	*57*	*58*	*59*	*60*
C	**B**	**D**	**A**	**B**	**D**	**D**	**A**	**B**	**A**
61	*62*	*63*	*64*	*65*	*66*	*67*	*68*	*69*	*70*
C	**A**	**D**	**C**	**B**	**A**	**C**	**D**	**B**	**A**
71	*72*	*73*	*74*	*75*	*76*	*77*	*78*	*79*	*80*
A	**B**	**D**	**B**	**C**	**A**	**C**	**A**	**A**	**D**
81	*82*	*83*	*84*	*85*	*86*	*87*	*88*	*89*	*90*
A	**C**	**B**	**D**	**A**	**A**	**B**	**A**	**D**	**B**
91	*92*	*93*	*94*	*95*	*96*	*97*	*98*	*99*	*100*
B	**C**	**C**	**A**	**D**	**B**	**C**	**D**	**B**	**A**

ÉPREUVE DE SECONDE LANGUE
ALLEMAND

Durée : 1 h 30

Lisez attentivement les instructions suivantes avant de vous mettre au travail :

Pour chaque énoncé de cette épreuve, vous seront proposées au plus 4 réponses (réponse A, réponse B, réponse C, réponse D).
Il y a une réponse juste et une seule par question, 100 au total. Vous pouvez vous abstenir de répondre à une question. Si vous indiquez plus d'une réponse par question, alors votre réponse sera considérée comme fausse.

Vous vous servirez de la feuille jointe pour indiquer vos réponses en noircissant les cases situées au-dessus des lettres correspondantes.

ATTENTION : si vous désirez modifier votre réponse à une question, **ne raturez pas,** mais indiquez votre nouvelle réponse sur la ligne de correction prévue à cet effet.
Exemple : vous souhaitez répondre B, puis après réflexion D.

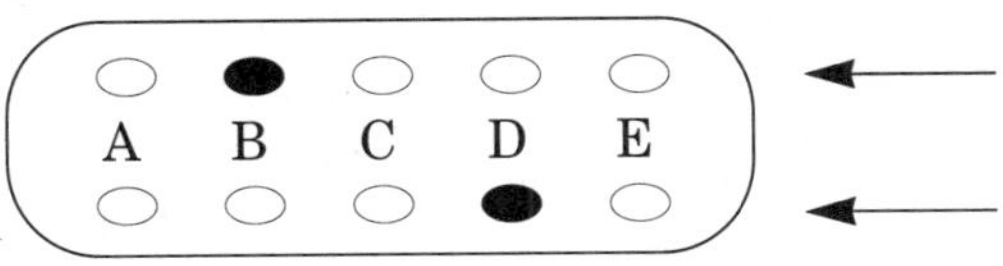

Votre 1re réponse

Votre correction

Les réponses justes sont comptabilisées : + 1
Les réponses fausses sont comptabilisées : – 0,2
Les non-réponses sont comptabilisées : 0

COEFFICIENTS ATTRIBUÉS À CETTE ÉPREUVE		
ESSCA **0,5**	**IÉSEG** **bonus***	**IPAG** **bonus****

Important : en 1997, ESSCA bonus*

**Les points au-dessus de la moyenne s'additionnent au total des points obtenus.*
*** Les points au-dessus de la moyenne, affectés du coefficient 2, s'additionnent au total des points obtenus.*

1. A) Du bist doch schon ein großer Junge!
B) Du bist doch schon ein große Junger!
C) Du bist doch schon einen großen Jungen!
D) Du bist doch schon einer große Junge!

2. Hier sind seine Briefmarken.
A) Gib ihm sie bitte!
B) Gib sie ihn bitte!
C) Gib sie ihm bitte!
D) Gib ihn ihnen bitte!

3. A) Darf ich dich nach einer Antwort bitten?
B) Darf ich dich für eine Antwort bitten?
C) Darf ich dich auf einer Antwort bitten?
D) Darf ich dich um eine Antwort bitten?

4. A) Er war ihn noch nie begegnet.
B) Er hatte ihn noch nie begegnet.
C) Er war ihm noch nie begegnet.
D) Er hatte ihm noch nie begegnet.

5. A) Wann seid ihr nach Türkei geflogen?
B) Wann seid ihr in den Türkei geflogen?
C) Wann seid ihr in die Türkei geflogen?
D) Wann seid ihr zu Türkei geflogen?

6. A) Warum hast du dich für die Blumen nicht gedankt?
B) Warum hast du ihn für die Blumen nicht gedankt?
C) Warum hast du ihm für die Blumen nicht gedankt?
D) Warum hast du dir für die Blumen nicht gedankt?

7. A) Er ist ein der jüngsten Schüler seiner Klasse.
B) Er ist eins der jüngsten Schüler seiner Klasse.
C) Er ist einen der jüngsten Schüler seiner Klasse.
D) Er ist einer der jüngsten Schüler seiner Klasse.

8. A) Kannst du mir sagen, wenn du kommst?
B) Kannst du mir sagen, wann du kommst?
C) Kannst du mir sagen, wo du kommst?
D) Kannst du mir sagen, als du kommst?

9. A) Ich warte seit einer Stunde auf ihn.
B) Ich warte seit ein Uhr ihn auf.
C) Ich warte seit eine Stunde auf ihn.
D) Ich warte seit einer Uhr ihn auf.

10. A) Er freute sich, weil er sich endlich ein Auto kaufen können hatte.
B) Er freute sich, weil er sich endlich ein Auto können kaufen hatte.
C) Er freute sich, weil er sich endlich ein Auto hatte kaufen können.
D) Er freute sich, weil er sich endlich ein Auto hatte können kaufen.

11. A) Wir interessieren uns besonders an seine Karriere.
B) Wir interessieren uns besonders für seiner Karriere.
C) Wir interessieren uns besonders an seiner Karriere.
D) Wir interessieren uns besonders für seine Karriere.

12. A) Sie hat schon das Buch auf den Tisch gelegt.
B) Sie hat schon das Buch auf den Tisch gelegen.
C) Sie hat schon das Buch auf den Tisch geliegt.
D) Sie hat schon das Buch auf den Tisch geliegen.

13. A) Je schöner das Wetter ist, desto mehr lustig die Kinder sind.
B) Je schöner ist das Wetter, desto lustiger sind die Kinder.
C) Je schöner das Wetter ist, desto lustiger sind die Kinder.
D) Je schöner ist das Wetter, desto mehr lustig die Schüler sind.

14. A) Unser alter Wagen muß in die Werkstatt.
B) Unsere alte Wagen muß in die Werkstatt.
C) Unserer alte Wagen muß in die Werkstatt.
D) Unser altes Wagen muß in die Werkstatt.

15. A) Das Goethe-Museum wurde letztes Jahr zerstören.
B) Das Goethe-Museum ist letztes Jahr zerstört worden.
C) Das Goethe-Museum wird letztes Jahr zerstört werden.
D) Das Goethe-Museum ist letztes Jahr zerstört geworden.

16. A) Ist Ihnen dieser Roman auch so gut gefallen wie ich?
B) Hat Ihnen dieser Roman auch so gut gefallen wie mir?
C) Hat Sie dieser Roman auch so gut gefallen wie mir?
D) Ist mich dieser Roman auch so gut gefallen wie Ihnen?

17. A) Er konnte es nicht schaffen. Er mußte geholfen werden.
B) Er konnte es nicht schaffen. Er mußte helfen werden.
C) Er konnte es nicht schaffen. Ihm mußte geholfen werden.
D) Er konnte es nicht schaffen. Er war helfen worden.

18. A) Ich erinnere mich leider nicht mehr an Ihnen.
B) Ich erinnere mir leider nicht mehr an Sie.
C) Ich erinnere mich leider nicht mehr an Sie.
D) Ich erinnere mir leider nicht mehr an Ihnen.

19. A) Meiner Meinung nach ist, daß er der Direktor ist.
B) Meine Meinung nach, ist er der Direktor.
C) Meine Meinung nach er ist der Direktor.
D) Meiner Meinung nach ist er der Direktor.

20. A) Kennst du das Mädchen, das er helfen wollte?
B) Kennst du das Mädchen, daß er helfen wollte?
C) Kennst du das Mädchen, dem er helfen wollte?
D) Kennst du das Mädchen, die er helfen wollte?

21. A) Nachdem er den Tisch gedeckt hatte, durfte er fernsehen.
B) Nachdem haben den Tisch gedeckt, durfte er fernsehen.
C) Nachdem den Tisch gedeckt haben, durfte er fernsehen.
D) Nachdem er den Tisch deckte, durfte er fernsehen.

22. A) Er konnte dich nicht begleiten, weil er hatte keine Zeit.
B) Er konnte dich nicht begleiten, weil keine Zeit er hatte.
C) Er konnte dich nicht begleiten, denn er hatte keine Zeit.
D) Er konnte dich nicht begleiten, denn er keine Zeit hatte.

23. A) Gestern abend hat er uns sein Fotoalbum geschaut.
B) Gestern Abend hat er uns seines Fotoalbum gezeigt.
C) Gestern abend hat er uns seines Fotoalbum geschaut.
D) Gestern abend hat er uns sein Fotoalbum gezeigt.

24. A) Hier muß nicht geraucht werden, es ist verboten.
B) Hier kann nicht geraucht werden, es ist verboten.
C) Hier darf nicht geraucht werden, es ist verboten.
D) Hier will nicht geraucht werden, es ist verboten.

25. A) Putz dir die Zähne, bevor dem Schlafengehen!
B) Putz dir die Zähne, bevor das Schlafengehen!
C) Putz dir die Zähne, bevor zu Bett gehen!
D) Putz dir die Zähne, bevor du zu Bett gehst!

26. A) Kannst du mir sagen, wenn es geschneit hat?
B) Kannst du mir sagen, daß es geschneit hat?
C) Kannst du mir sagen, doch es geschneit hat?
D) Kannst du mir sagen, ob es geschneit hat?

27. A) Möchten Sie ihm sprechen?
B) Möchten Sie ihn sprechen?
C) Möchten Sie zu ihn sprechen?
D) Möchten Sie an ihm sprechen?

28. A) Ruf Helmut gleich an, um sich keine Sorgen zu machen.
B) Ruf Helmut gleich an, damit er sich keine Sorgen macht.
C) Ruf Helmut gleich an, um dich keine Sorgen zu machen.
D) Ruf Helmut gleich an, damit du ihn keine Sorgen machst.

29. A) Ich hatte einen Tee bestellt, sondern ich bekam einen Kaffee.
B) Ich hatte einen Tee bestellt, aber ich bekam einen Kaffee.
C) Ich hatte einen Tee bestellt, aber bekam ich einen Kaffee.
D) Ich hatte einen Tee bestellt, sondern bekam ich einen Kaffee.

30. A) Glaubst du nicht, daß er größer wie du ist?
B) Glaubst du nicht, daß er mehr groß ist als du?
C) Glaubst du nicht, daß er größer ist als du?
D) Glaubst du nicht, daß er größer als du bist?

31. A) Sie wohnten lange in der Stadt. Jetzt möchten sie auf dem Land ziehen.
B) Sie wohnten lange in der Stadt. Jetzt möchten sie aufs Land ziehen.
C) Sie wohnten lange in der Stadt. Jetzt möchten sie im Land ziehen.
D) Sie wohnten lange in der Stadt. Jetzt möchten sie in den Land ziehen.

32. A) Darf ich dir fragen, wie alt du bist?
B) Mag ich dir fragen, wieviel Jahre du hast?
C) Mag ich dich fragen, welches Alter du hast?
D) Darf ich dich fragen, wie alt du bist?

33. Eine korrekte Übersetzung von “quatre heures vingt cinq” ist :
A) fünf nach vier.
B) fünf vor halb fünf.
C) fünf nach halb fünf.
D) fünf nach halb vier.

34. A) Die Mutter hatte dem Kind zum Geburtstag gratulieren.
B) Die Mutter hatte das Kind zum Geburtstag gegratuliert.
C) Die Mutter hatte dem Kind zum Geburtstag gratuliert.
D) Die Mutter hatte das Kind zum Geburtstag gratulieren.

35. A) Wie er diese Musik komponierte, war er erst acht Jahre alt.
B) Wenn er diese Musik komponierte, war er erst acht Jahre alt.
C) Als er diese Musik komponierte, war er erst acht Jahre alt.
D) Da er diese Musik komponierte, war er erst acht Jahre alt.

36. A) Legt bitte den Teppich!
B) Legt bitte den Teppich hier!
C) Legt bitte den Teppich dort!
D) Legt bitte den Teppich dorthin!

37. A) Den ganzen Tag war ich auf der Autobahn.
B) Den ganzen Tag war ich auf das Autobahn.
C) Den ganzen Tag war ich auf die Autobahn.
D) Den ganzen Tag war ich auf den Autobahn.

38. A) Ich verbiete es dir, es ist zu sehr gefährlich.
B) Ich verbiete es dir, es ist zu viel gefährlich.
C) Ich verbiete es dir, es ist zu gefährlich.
D) Ich verbiete es dir, es ist viel gefährlich.

39. A) Wir freuen uns alle über den nächsten Ferien.
B) Wir freuen uns alle über die nächsten Ferien.
C) Wir freuen uns alle auf die nächsten Ferien.
D) Wir freuen uns alle auf den nächsten Ferien.

40. A) Nicht alle Franzosen mögen Rotwein.
B) Nicht alle Französischen mögen Rotwein.
C) Alle Französen mögen nicht Rotwein.
D) Alle die Franzosen mögen nicht Rotwein.

41. A) Hast du dir die Hände gewachsen?
B) Hast du dich die Hände gewachsen?
C) Hast du dir die Hände gewaschen?
D) Hast du dich die Hände gewaschen?

42. A) Sie hat der älteren Dame ihren Platz angebieten.
B) Sie hat der älteren Dame ihren Platz angebeten.
C) Sie hat der älteren Dame ihren Platz angebetet.
D) Sie hat der älteren Dame ihren Platz angeboten.

43. A) Dreimal vier ist zwölf, du bist richtig.
B) Dreimal vier ist zwölf, du hast recht.
C) Dreimal vier ist zwölf, du bist recht.
D) Dreimal vier ist zwölf, du hast richtig.

44. A) Es scheint mir mehr important, daß du ihn siehst.
B) Es scheint mir importanter, daß du ihn siehst.
C) Es scheint mir mehr wichtig, daß du ihn siehst.
D) Es scheint mir wichtiger, daß du ihn siehst.

45. A) Wann fahren wir nach Schweiz?
B) Wann fahren wir in die Deutschland?
C) Wann fahren wir zu den Niederlande?
D) Wann fahren wir nach Irland?

46. A) Er muß nicht mit dir ausgehen, er ist viel zu krank.
B) Er darf nicht mit dir auszugehen, er ist viel zu krank.
C) Er darf nicht mit dir ausgehen, er ist viel zu krank.
D) Er muß nicht mit dir auszugehen, er ist viel zu krank.

47. A) Als Sie wissen, sind wir letzten Monat umgezogen.
B) Wie Sie wissen, sind wir letzten Monat umzogen.
C) Als Sie wissen, sind wir letzten Monat umgezieht.
D) Wie Sie wissen, sind wir letzten Monat umgezogen.

48. A) Wenn er Zeit hätte, wurde er dir besuchen.
B) Wenn er Zeit hätte, würde er dir besuchen.
C) Wenn er Zeit hätte, wurde er dich besuchen.
D) Wenn er Zeit hätte, würde er dich besuchen.

49. A) Warum hast du sie noch nicht angerufen?
B) Warum hast du noch nicht ihnen telefoniert?
C) Warum hast du sie noch nicht telefoniert?
D) Warum hast du ihnen noch nicht angerufen?

50. A) Legen bitte die Decke aufs Auto!
B) Legen Sie bitte die Decke auf dem Auto!
C) Legen Sie bitte die Decke auf den Auto!
D) Legt bitte die Decke aufs Auto!

51. A) Das sind alte Briefe, die vor langer Zeit geschrieben worden sind.
B) Das sind alte Briefe, die vor langer Zeit geschrieben geworden sind.
C) Das sind alte Briefe, die vor langer Zeit geschrieben gewesen sind.
D) Das sind alte Briefe, die vor langer Zeit geschrieben werden sind.

52. A) Im Studentenheim wohnen fünf Deutsche und vier Engländer.
B) Im Studentenheim wohnen fünf Deutschen und vier Engländern.
C) Im Studentenheim wohnen fünf Deutsche und vier Engländern.
D) Im Studentenheim wohnen fünf Deutschen und vier Engländer.

53. A) Welchen Arzt empfehlst du mir?
B) Welchen Arzt empfiehlst du mir?
C) Welchen Arzt empfohlst du mir?
D) Welchen Arzt empfählst du mir?

54. A) Diese Szene spielt in Berlin.
B) Diese Szene spielt sich in Berlin.
C) Diese Szene ereignet in Berlin.
D) Diese Szene paßt in Berlin.

55. A) Er läuft schneller als mir.
B) Er läuft schneller als mich.
C) Er läuft schneller als ich.
D) Er läuft schneller als mein.

56. A) Er erinnerte sich an einen Film, derer Titel er nicht mehr wußte.
B) Er erinnerte sich an einen Film, deren Titel er nicht mehr wußte.
C) Er erinnerte sich an einen Film, dessen Titel er nicht mehr wußte.
D) Er erinnerte sich an einen Film, denen Titel er nicht mehr wußte.

57. A) Sie hatte keinen Grund, noch einmal mit ihm zu diskutieren.
B) Sie hatte keine Grund, noch einmal mit ihm zu diskutieren.
C) Sie hatte keiner Grund, noch einmal mit ihm zu diskutieren.
D) Sie hatte kein Grund, noch einmal mit ihm zu diskutieren.

58. A) Du willst etwas essen? Nimmt doch das Menü!
B) Du willst etwas essen? Nehme doch das Menü!
C) Du willst etwas essen? Nehmen Sie doch das Menü!
D) Du willst etwas essen? Nimm doch das Menü!

59. A) In alten Hausen gibt es viele Mausen.
B) In alten Hause gibt es viele Mause.
C) In alten Häusern gibt es viele Mäusen.
D) In alten Häusern gibt es viele Mäuse.

60. A) Setz dich doch auf die Stuhl!
B) Setz dich doch auf das Stuhl!
C) Setz dich doch auf den Stuhl!
D) Setz dich doch auf dem Stuhl!

61. A) Der Bundeskanzler traf den französischen Präsidenten.
B) Der Bundeskanzler traf den französischen Präsident.
C) Der Bundeskanzler traf den französische Präsidenten.
D) Der Bundeskanzler traf den fransözischen Präsident.

62. A) Kümmern Sie sich in Zukunft um Ihre eigenen Probleme!
B) Kümmern Sie sich in Zukunft von Ihren eigenen Probleme!
C) Kümmern Sie sich in Zukunft bei Ihren eigenen Probleme!
D) Kümmern Sie sich in Zukunft durch Ihre eigenen Probleme!

63. A) Es geht zu der Frage, welche Haltung wir einnehmen sollen.
B) Es geht an der Frage, welche Haltung wir einnehmen sollen.
C) Es geht von der Frage, welche Haltung wir einnehmen sollen.
D) Es geht um die Frage, welche Haltung wir einnehmen sollen.

64. A) Unsere Gemeinde ist sehr stolz von ihrer neue Sporthalle.
B) Unsere Gemeinde ist sehr stolz mit ihrer neue Sporthalle.
C) Unsere Gemeinde ist sehr stolz auf seine neue Sporthalle.
D) Unsere Gemeinde ist sehr stolz auf ihre neue Sporthalle.

65. A) Schade! Diese Besserwisser wollten nicht auf ihm hören.
B) Schade! Diese Besserwisser wollten nicht zu ihm hören.
C) Schade! Diese Besserwisser wollten nicht auf ihr hören.
D) Schade! Diese Besserwisser wollten nicht auf mich hören.

66. A) Die Touristen fragten den Polizisten um den Weg zum Bahnhof.
B) Die Touristen fragten den Polizisten nach dem Weg zum Bahnhof.
C) Die Touristen fragten den Polizisten für den Weg zum Bahnhof.
D) Die Touristen fragten den Polizisten um das Weg zum Bahnhof.

67. A) Entschuldigung! Dürfte ich Sie mal kurz anbrechen?
B) Entschuldigung! Dürfte ich Sie mal kurz durchbrechen?
C) Entschuldigung! Dürfte ich Sie mal kurz verbrechen?
D) Entschuldigung! Dürfte ich Sie mal kurz unterbrechen?

68. A) Unsere Nachbarn durchbringen ihre Ferien fast immer an der See.
B) Unsere Nachbarn erbringen ihre Ferien fast immer an der See.
C) Unsere Nachbarn verbringen ihre Ferien fast immer an der See.
D) Unsere Nachbarn vollbringen ihre Ferien fast immer an der See.

69. A) Der ICE, mit wem sie ankam, war ausnahmsweise nicht pünktlich.
B) Der ICE, mit der sie ankam, war ausnahmsweise nicht pünktlich.
C) Der ICE, mit dem sie ankam, war ausnahmsweise nicht pünktlich.
D) Der ICE, woher sie ankam, war ausnahmsweise nicht pünktlich.

70. A) Der Freund, womit sie verreisen wollte, ist plötzlich krank geworden.
B) Der Freund, mit dem sie verreisen wollte, ist plötzlich krank geworden.
C) Der Freund, wohin sie verreisen wollte, ist plötzlich krank geworden.
D) Der Freund, zu ihm sie verreisen wollte, ist plötzlich krank geworden.

71. A) Unser Nachbar, mit dem Hilfe wir eine neue Wohnung gefunden haben, ist nett.
B) Unser Nachbar, mit dessen Hilfe wir eine neue Wohnung gefunden haben, ist nett.
C) Unser Nachbar, mit deren Hilfe wir eine neue Wohnung gefunden haben, ist nett.
D) Unser Nachbar, womit Hilfe wir eine neue Wohnung gefunden haben, ist nett.

72. A) Ich verstehe nicht, woran ich schuld sein soll.
    B) Ich verstehe nicht, woraus ich schuld sein soll.
    C) Ich verstehe nicht, wofür ich schuld sein soll.
    D) Ich verstehe nicht, wozu ich schuld sein soll.

73. A) Sie sind verantwortlich dazu, daß alles ohne Schwierigkeiten abläuft!
    B) Sie sind verantwortlich damit, daß alles ohne Schwierigkeiten abläuft!
    C) Sie sind verantwortlich dafür, daß alles ohne Schwierigkeiten abläuft!
    D) Sie sind verantwortlich dafür, das alles ohne Schwierigkeiten abläuft!

74. A) Die Frau, dessen der Bruder gestorben ist, trägt ein schwarzes Kleid.
    B) Die Frau, deren der Bruder gestorben ist, trägt ein schwarzes Kleid.
    C) Die Frau, dessen Bruder gestorben ist, trägt ein schwarzes Kleid.
    D) Die Frau, deren Bruder gestorben ist, trägt ein schwarzes Kleid.

75. A) Deutschland wurde in 1990 vereinigt.
    B) Deutschland wurde an 1990 vereinigt.
    C) Deutschland wurde 1990 vereinigt.
    D) Deutschland wurde im 1990 vereinigt.

76. A) Im Berliner Zoo kann man seltene Tiere sehen, sogar zwei Panda-Bären.
    B) Im Berliner Zoo kann man selten Tiere sehen, sogar zwei Panda-Bären.
    C) Im Berliner Zoo kann man seltige Tiere sehen, sogar zwei Panda-Bären.
    D) Im Berliner Zoo kann man selters Tiere sehen, sogar zwei Panda-Bären.

77. A) Ich muß beruflich offen nach Hamburg fahren.
    B) Ich muß beruflich often nach Hamburg fahren.
    C) Ich muß beruflich oft nach Hamburg fahren.
    D) Ich muß beruflich oftig nach Hamburg fahren.

78. A) Morgen früh fahren wir nach Oberammergau.
    B) Früh morgen fahren wir nach Oberammergau.
    C) Morgen morgen fahren wir nach Oberammergau.
    D) Diesen morgen fahren wir nach Oberammergau.

79. A) Frau Schmidt-Baumhöcker hat sich seine Füße gewaschen.
    B) Frau Schmidt-Baumhöcker hat ihr seine Füße gewaschen.
    C) Frau Schmidt-Baumhöcker hat ihm ihre Füße gewaschen.
    D) Frau Schmidt-Baumhöcker hat sich die Füße gewaschen.

80. A) Unser Sohn wird immer mehr groß.
B) Unser Sohn wird mehr und mehr groß.
C) Unser Sohn wird mehr und mehr größer.
D) Unser Sohn wird immer größer.

81. A) Heute ist er mehr guter Laune als gestern.
B) Heute ist er besserer Laune als gestern.
C) Heute ist er guterer Laune als gestern.
D) Heute ist er bester Laune als gestern.

82. A) Mein Auto war teurer als das meiner Frau.
B) Mein Auto war teuerer als das meiner Frau.
C) Mein Auto war mehr teurer als das meiner Frau.
D) Mein Auto war mehr teuerer als das meiner Frau.

83. A) Auf der Weide stehen mehrere braunen Kühe.
B) Auf der Weide stehen mehreren braunen Kühe.
C) Auf der Weide stehen mehrere braune Kühe.
D) Auf der Weide stehen mehre braune Kühe.

84. A) Schöne Mädchen, willst Du mit mir tanzen?
B) Schönes Mädchen, willst Du mit mir tanzen?
C) Schöner Mädchen, willst Du mit mir tanzen?
D) Schön Mädchen, willst Du mit mir tanzen?

85. A) Der Eiffelturm ist hocher als der Petersdom.
B) Der Eiffelturm ist höcher als der Petersdom.
C) Der Eiffelturm ist hoher als der Petersdom.
D) Der Eiffelturm ist höher als der Petersdom.

« Momos äußere Erscheinung war in der Tat ein wenig seltsam und konnte auf Menschen, die großen Wert auf Sauberkeit und Ordnung legen, möglicherweise etwas erschreckend wirken. Sie war klein und ziemlich mager, so daß man beim besten Willen nicht erkennen konnte, ob sie erst acht oder schon zwölf Jahre alt war. Sie hatte einen wilden, pechschwarzen Lockenkopf, der so aussah, als ob er noch nie mit einem Kamm oder einer Schere in Berührung gekommen wäre. Sie hatte sehr große, wunderschöne und ebenfalls pechschwarze Augen und Füße von der gleichen Farbe, denn sie lief fast immer barfuß. Nur im Winter trug sie manchmal Schuhe, aber es waren zwei verschiedene, die nicht zusammenpaßten und ihr außerdem viel zu groß waren. Das kam daher, daß Momo eben nichts besaß, als was sie irgendwo fand oder geschenkt bekam. Ihr Rock war aus allerlei bunten Flicken zusammengenäht und reichte ihr bis auf die Fußknöchel. Darüber trug sie eine alte, viel zu weite Männerjacke, deren Ärmel an den Handgelenken umgekrempelt waren. Abschneiden wollte Momo sie nicht, weil sie vorsorglich daran dachte, daß sie ja noch wachsen würde. Und wer konnte wissen, ob sie jemals wieder eine so schöne und praktische Jacke mit so vielen Taschen finden würde.

Unter der grasbewachsenen Bühne der Theaterruine gab es ein paar halb eingestürzte Kammern, die man durch ein Loch in der Außenmauer betreten konnte. Hier hatte Momo sich häuslich eingerichtet. Eines Tages kamen einige Männer und Frauen aus der näheren Umgebung zu ihr und versuchten sie auszufragen. Momo stand ihnen gegenüber und guckte sie ängstlich an, weil sie fürchtete, die Leute würden sie wegjagen.»

aus *Momo* von Michael ENDE

86. A) Momo trug schwarze Socken im Winter.
B) Das kleine Mädchen sah ziemlich wild aus.
C) Sie hatte sich nur einmal die Haare schneiden lassen.
D) Man konnte ihr Alter ohne Schwierigkeiten genau bestimmen.

87. A) Momo hatte ihren langen Rock selber genäht.
B) Momo trug für sie zu große Schuhe.
C) Mit ihrem zu langen Rock fiel eines Mittags Momo auf.
D) Es war erstaunlich, daß sie mit ihrem Alter so große Füße hatte.

88. A) Momo ließ ihre Wäsche auf dem Gras unter der Bühne trocknen.
B) Die Jacke paßte ihr ganz genau.
C) Die Jacke war wegen der vielen Taschen praktisch.
D) Momo mochte die zu langen Ärmel ihrer Jacke; deshalb wollte sie sie nicht abschneiden.

89. A) Momo hätte wohlerzogene Menschen bestimmt erschreckt.
B) Es waren Jäger, die Momos Versteck gefunden hatten.
C) Momo fürchtete die Jäger schon lange.
D) Momos Besucher hatten sich ihr ganz langsam genähert, um sie nicht zu erschrecken.

90. A) Mit ein paar Steinen der alten Ruine hatte sich Momo ihr kleines Haus gebaut.
B) Momo wohnte in einem alten Theater.
C) Momo hatte sich zwei kleine Verstecke unter der Außenmauer eingerichtet.
D) Eine eingestürzte Tür stellte den Eingang zu ihrem Zuhause dar.

Die reinste Scheußlichkeit

Weiße Socken sind out. Dennoch laufen immer noch jede Menge Männer damit durch die Gegend. Viele von ihnen wundern sich, daß sie bei Frauen nicht mehr so gut ankommen wie früher, obwohl sie doch eigentlich immer noch ganz passable Kerle sind. Sie ahnen nicht, daß es die Socken sind, die ihnen den Boden unter den Füßen wegziehen.

Werden Frauen über die negativsten Eigenschaften der Männer befragt, kommt neben Bierbauch, Krieg und Vergewaltigung stets auch die weiße Socke auf die Liste. Schlimmeres kann ein Mann sich nicht antun. Die flauschige Weiße tötet die männliche Attraktivität. Für ihre Träger typisch ist angeblich, daß sie sie anbehalten, wenn sie mit einer Frau ins Bett hüpfen.

Jede Mode wird schäbig, wenn sie vorbei ist. Was die weiße Socke schlimmer macht als alle anderen verschlissenen Werte, ist ihre Verbundenheit mit der kleinbürgerlichen Obsession, Sauberkeit für den höchsten aller Werte zu halten und dies entsprechend vorzeigen zu müssen. Ihr sozialer Abstieg zwang die weiße Socke zur Ehe mit der Sandale, einem Schuh, der mehr Socke und damit mehr Reinheit zu demonstrieren erlaubt als jeder andere. Nun übernimmt sie neue Darstellungsaufgaben : allzu späten Nachkriegsstolz darauf, daß man sich eine Waschmaschine leisten kann.

Gekürzt und geändert aus *Die Zeit*
v. 19. Januar 1996

91. A) Viele Männer tragen weiße Socken, weil sie modisch sind.
    B) Viele Männer tragen weiße Socken, obwohl sie nicht mehr modisch sind.
    C) Weiße Socken sind nur modisch, wenn sie zusammen mit weißen Sandalen getragenwerden.
    D) Sandalen sind nur modisch, wenn sie zusammen mit weißen Socken getragen werden.

92. A) Frauen mögen es, wenn Männer weiße Socken tragen.
    B) Frauen mögen Männer mit Bierbauch.
    C) Ohne weiße Socken gäbe es keinen Krieg.
    D) Frauen können Männer mit weißen Socken nicht ausstehen.

93. A) Man sagt, daß manche Männer die weißen Socken sogar im Bett tragen.
    B) Im Bett tragen auch Frauen weiße Socken.
    C) Männer tragen weiße Socken nie im Bett.
    D) Es ist falsch, daß manche Männer im Bett weiße Socken tragen.

94. A) Kleinbürger halten nichts von Sauberkeit.
    B) Kleinbürger zeigen ihre Sauberkeit nur ungern vor.
    C) Sauberkeit ist für Kleinbürger die wichtigste Sache der Welt.
    D) Auch wenn Sauberkeit wichtig ist, darf sie nicht gezeigt werden.

95. A) Man kann weiße Socken nicht tragen, wenn man eine Waschmaschine besitzt.
    B) In Sandalen kommt die Sauberkeit weißer Socken richtig zur Geltung.
    C) Auch Sandalen müssen in der Waschmaschine gewaschen werden.
    D) Die meisten Leute können sich keine Waschmaschine leisten.

Die WG mit PC

«Unsere Mitbewohnerin hat jetzt ein Modem. Damit mailt sie 'E'. Als ich noch jung war und keine Ahnung von der Telekom hatte, da dachte ich noch, ein Modem sei so etwas, das man halt an den Computer anschließt, damit man 'Messages'zu einem anderen Computer schicken und im Internet surfen kann. Heute weiß ich, daß ein Modem etwas ist, das man an die Telephonleitung anschließt, damit alle anderen Menschen im Haus nie wieder telephonieren können!

Seit meine Mitbewohnerin ihr Modem hat, knüpft sie stundenlang Freundschaften in aller Welt und debattiert mit ihnen die Wetterlage im südwestlichen Brasilien. Ich kann seitdem nicht mal mehr meine Großmutter anrufen! Aber weil meine Mitbewohnerin für das E-Mailen und das Surfen im Internet und das Debattieren mit ihrem australischen Charles nur die Telephonnummer der Universität in unserer Stadt anwählen muß (dort vermittelt man sie dann irgendwie weiter, ohne daß es Aufschlag kostet), darum kann meine Mitbewohnerin ihre Auslandsfreundschaften jetzt sage und schreibe 60 Sekunden lang beackern, ehe der 12-Pfennig-Takt umspringt.

Das macht mich wahnsinnig! Ich bin seit Wochen nicht mehr angerufen worden! Wie denn auch? Morgens, wenn unsere Mitbewohnerin aufsteht, zieht sie den Telephonstecker aus der Dose und steckt ihr Modem rein! Und wer mich anrufen will, der hört immer nur das Besetztzeichen.

Meine Mitbewohnerin ist mittlerweile auch taub geworden gegenüber allen 'Du, darf ich diesen Monat auch noch mal?'– Anfragen. Immer heißt es nur 'Ja gleich, ich hab'grad Hongkong dran!' Wenn man meiner Mitbewohnerin einfach den Modemstecker rauszieht, um meinetwegen mal schnell die Feuerwehr oder die Telephonseelsorge anzurufen, dann tippt sie ihre Messages in den Zwischenspeicher und schreit : 'Ich hab'ein Recht auf freie Kommunikation!'. Wir haben ihr jetzt ein Zimmer in einer anderen WG besorgt. Eine Wohngemeinschaft mit zwei Telephonanschlüssen und einem

Mitbewohner, der Informatik studiert. Wir nehmen nicht an, daß wir von unserer Mitbewohnerin jemals noch einmal etwas hören werden. Ist auch besser so.»

nach Frank M. Ziegler, in *Die Zeit*
vom 2. Februar 1996

96. A) Die Wohngemeinschaft will sich ein Modem zulegen.
B) Einer der Mitbewohner ist von seiner Benutzung ausgeschlossen.
C) Ein weibliches WG-Mitglied hat ein Modem erworben.
D) Alle WG-Mitglieder mailen jetzt 'E'.

97. A) Die WG knüpft Freundschaften in aller Welt.
B) Auch die Großmutter der Mitbewohnerin surft nun auf Internet.
C) Die Mitglieder der WG erhalten täglich Anrufe aus aller Welt.
D) Die Mitbewohnerin monopolisiert stundenlang die Telefonleitung.

98. A) Das E-Mailen und das Surfen im Internet ist verhältnismäßig teuer.
B) Die Universität stellt die Verbindung mit Internet her.
C) Die Universität stellt die Verbindung mit Aufschlag her.
D) Für nur 12 Pfennig Aufschlag stellt die Universität die Verbindung her.

99. A) Trotz Modem sind die Mitbewohner noch telephonisch erreichbar.
B) Andere Wohngemeinschaften schließen sich dem E-Mailen an.
C) Das Modem macht den Anrufbeantworter technisch überflüssig.
D) Die verzweifelten Mitbewohner haben keinen Zugang mehr zum Telefon.

100. A) Die vom E-Mailen begeisterte Mitbewohnerin entwickelt ein asoziales Verhalten.
B) Sie mailt 'E', weil sie auf beiden Ohren fast taub ist und daher kaum jemanden am Telefon verstehen kann.
C) Aufgrund ihrer psychologischen Lage ruft sie jedoch gelegentlich die Telefonseelsorge an.
D) Schließlich verläßt sie die Wohngemeinschaft, weil ihr das ständige Surfen auf Internet durch ihre Mitbewohner auf die Nerven geht.

TABLEAU DE CORRECTION DU QCM

1	*2*	*3*	*4*	*5*	*6*	*7*	*8*	*9*	*10*
A	**C**	**D**	**C**	**C**	**C**	**D**	**B**	**A**	**C**
11	*12*	*13*	*14*	*15*	*16*	*17*	*18*	*19*	*20*
D	**A**	**C**	**A**	**B**	**B**	**C**	**C**	**D**	**C**
21	*22*	*23*	*24*	*25*	*26*	*27*	*28*	*29*	*30*
A	**C**	**D**	**C**	**D**	**D**	**B**	**B**	**B**	**C**
31	*32*	*33*	*34*	*35*	*36*	*37*	*38*	*39*	*40*
B	**D**	**B**	**C**	**C**	**D**	**A**	**C**	**C**	**A**
41	*42*	*43*	*44*	*45*	*46*	*47*	*48*	*49*	*50*
C	**D**	**B**	**D**	**D**	**C**	**D**	**D**	**A**	**D**
51	*52*	*53*	*54*	*55*	*56*	*57*	*58*	*59*	*60*
A	**A**	**B**	**A**	**C**	**C**	**A**	**D**	**D**	**C**
61	*62*	*63*	*64*	*65*	*66*	*67*	*68*	*69*	*70*
A	**A**	**D**	**D**	**D**	**B**	**D**	**C**	**C**	**B**
71	*72*	*73*	*74*	*75*	*76*	*77*	*78*	*79*	*80*
B	**A**	**C**	**D**	**C**	**A**	**C**	**A**	**D**	**D**
81	*82*	*83*	*84*	*85*	*86*	*87*	*88*	*89*	*90*
B	**A**	**C**	**B**	**D**	**B**	**B**	**C**	**A**	**B**
91	*92*	*93*	*94*	*95*	*96*	*97*	*98*	*99*	*100*
B	**D**	**A**	**C**	**B**	**C**	**D**	**B**	**D**	**A**

ÉPREUVE DE SECONDE LANGUE
ESPAGNOL

Durée : 1 h 30

Lisez attentivement les instructions suivantes avant de vous mettre au travail :

Pour chaque énoncé de cette épreuve, vous seront proposées au plus 4 réponses (réponse A, réponse B, réponse C, réponse D).
Il y a une réponse juste et une seule par question, 100 au total. Vous pouvez vous abstenir de répondre à une question. Si vous indiquez plus d'une réponse par question, alors votre réponse sera considérée comme fausse.

Vous vous servirez de la feuille jointe pour indiquer vos réponses en noircissant les cases situées au-dessus des lettres correspondantes.

ATTENTION : si vous désirez modifier votre réponse à une question, **ne raturez pas,** mais indiquez votre nouvelle réponse sur la ligne de correction prévue à cet effet.
Exemple : vous souhaitez répondre B, puis après réflexion D.

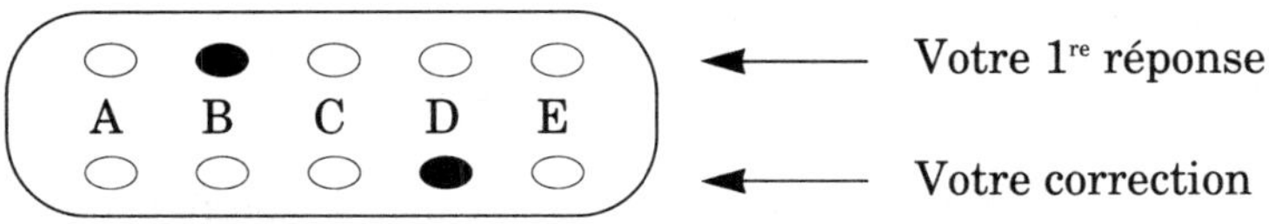

Les réponses justes sont comptabilisées : + 1
Les réponses fausses sont comptabilisées : – 0,2

COEFFICIENTS ATTRIBUÉS À CETTE ÉPREUVE		
ESSCA **0,5**	**IÉSEG** **bonus***	**IPAG** **bonus****

Important : en 1997, ESSCA bonus*

**Les points au-dessus de la moyenne s'additionnent au total des points obtenus.*
*** Les points au-dessus de la moyenne, affectés du coefficient 2, s'additionnent au total des points obtenus.*

Escoge la respuesta correcta :

1. Cuando .... tiempo, llámame por teléfono.
A) tendrás B) tengas
C) tienes D) ten

2. Si pudiéramos, ... el tren inmediatamente.
A) tomamos B) tomaremos
C) habremos tomado D) tomaríamos

3. Es necesario que .... de acuerdo con todos vuestros colegas.
A) os pongáis B) os pones
C) os pondréis D) os pusierais

4. Si lo que me cuentas es verdad, no me sorprende que sus padres .... con él.
A) se habrán enfadado B) se han enfadado
C) se hayan enfadado D) se habían enfadado

5. Francisco decidió .... regalarle una bicicleta .... su cumpleaños.
A) Ø – para B) que – por
C) de – para D) a – en

6. Estaban seguros de que .... la solución.
A) estaba B) era
C) fuera D) estuviera

7. Todo era tan diferente como si lo .... por primera vez.
A) ha visto B) viera
C) ve D) vería

8. Francamente, no creo que .... todo el material necesario.
A) hay B) habrá
C) había D) haya

9. .... una de sus amigas cuenta .... la ayuda de su familia.
A) Toda – bajo B) Con – sobre
C) A – con D) Cada – con

10. No creas lo que te dijo. No .... en serio.
A) era hablando B) estaba hablando
C) estuviera hablando D) fue hablando

11. A .... de vosotros puede ocurriros lo mismo que a Miguel.
A) cualquiera B) quienquiera
C) cualquier D) algún

12. ¿ Cuándo .... diste cuenta .... lo habías perdido?

A) me – que B) te – de que

C) le – que D) se – de que

13. .... varios idiomas Europa es ....

A) De hablar – la tuya B) En hablando – de ti

C) Al hablar – a ti D) Hablando – tuya

14. – ¿ Cuántas naranjas hay en la bolsa? – ....

A) Hay más que tres. B) Hay ninguna.

C) No hay ninguna. D) No hay que tres.

15. Ese problema es .... fácil .... lo resolvería cualquiera.

A) si – que B) tan – como

C) tan – que D) de – como

16. ¡Qué curioso que Julio no .... aún al tanto de lo que ocurre!

A) sea B) era

C) esté D) es

17. Sus admiradoras .... locas por él.

A) son B) fueran

C) hayan estado D) están

18. Podrán venir a la fiesta con .... quieran.

A) que B) cuyos

C) quién D) de los que

19. La semana próxima .... daré el cheque.

A) vos B) lo

C) vosotros D) os

20. Llegó tarde al coctel. La exposición .... unas horas antes.

A) ha estado inaugurada B) había estado inaugurada

C) había sido inaugurada D) haya sido inaugurada

21. De todas las casas .... dispone, sólo una está en buen estado.

A) de que B) que

C) cuyas D) cuales

22. El policía les dijo que .... , y ellos le contestaron que a él qué le ....
    A) se calmen – importó B) se calmarían – importaba
    C) se calmaron – importó D) se calmaran – importaba

23. Pasas horas en los almacenes y .... comprando cualquier cosa.
    A) llevas B) estás
    C) sigues D) acabas

24. Al abuelo le gusta ver .... se divierten los niños.
    A) quién B) cómo
    C) qué D) cuál

25. Nos ordenó que lo .... lo antes posible.
    A) haremos B) hacemos
    C) hiciéramos D) haríamos

26. Es mejor que .... la tarea antes de las siete.
    A) terminemos B) terminamos
    C) terminaremos D) terminaríamos

27. Intentaron .... su último cuadro, pero no ....
    A) vender – puedan B) vender – pueden
    C) vender – pudieron D) vendiendo – pueden

28. Hizo todo lo que pudo para que le .... el pasaporte el mismo día.
    A) hacen B) hicieran
    C) hacían D) hicieron

29. ¿ .... capaz de proponerle eso?
    A) Estás B) Serías
    C) Estarás D) Seas

30. Cuando veas a Ricardo, dale recuerdos .... mi parte.
    A) de B) por
    C) para D) a

31. Creo que hay una farmacia en la calle Velázquez, ... a la plaza Real.
    A) viendo B) viniendo
    C) mirando D) llegando

32. .... lógico que se haya molestado. Has estado un poco duro con él.
    A) Es B) Fue
    C) Está D) Estuvo

33. Trata .... no equivocarte en las cuentas. Nos han llamado del banco para decirnos que estamos en números rojos.
A) a
B) de
C) en
D) por

34. Es muy dogmático : no comprende que se .... analizar este problema desde otra óptica.
A) podrá
B) pueda
C) ha podido
D) pudo

35. Es muy abierto, ... tiene muchos amigos.
A) pero
B) pues
C) por eso
D) sin embargo

36. Buscábamos una secretaria que .... hablar español.
A) sabría
B) supiera
C) sabía
D) hubiera sabido

37. ¡No le llames! .... no quiere hablar contigo.
A) Puede que
B) Es probable que
C) Es posible que
D) Creo que

38. ¡Señores! No .... aquí .... maletas.
A) dejad – vuestras
B) dejen – sus
C) dejéis – suyas
D) dejar – vuestras

39. .... algunos años, la tasa de paro aumenta considerablemente.
A) Hace
B) Desde
C) Desde hace
D) Después de

40. Todos tenemos derecho .... disfrutar .... nuestra juventud.
A) de – con
B) en – Ø
C) Ø – con
D) a – de

41. Este es el libro .... tanto te he hablado.
A) cual
B) que
C) del que
D) de lo que

42. Baja a comprar la leche antes de que ....
A) cerraran
B) cierren
C) cerrarán
D) cierran

43. Esa ópera .... es de Beethoven .... de Mozart.
A) no – sino
B) no – si no
C) no – pero
D) no – pero también

44. Te doy las gracias .... la ayuda que me has prestado.
A) de B) para
C) por D) sobre

45. ¡Qué pena que no .... aquí la dirección de Felipe!
A) tienes B) tendrás
C) tendrías D) tengas

46. – Me gusta mucho el chocolate. – ....
A) A mí no. B) Tampoco yo.
C) Yo no. D) A mí tampoco.

47. Ayer me .... de que .... el examen del viernes pasado.
A) enteraba – suspendí B) he enterado – he suspendido
C) enteré – hube suspendido D) enteré – había suspendido

48. – Por favor, me gustaría consultar la guía telefónica. ¡ .... !
A) Me la acerquen B) Acérquemela
C) Me la acercas D) Acércamelo

49. Te compré la camisa para que te la ....
A) pusieras B) pondrías
C) ponías D) pusiste

50. .... lo que ha sucedido, seguiremos adelante con el proyecto.
A) Aunque B) A pesar que
C) Aún D) A pesar de

51. Es conveniente que todos .... en este trabajo.
A) participan B) participen
C) participarán D) participaran

52. Me extrañaría que .... tan pronto.
A) vendrían B) vendrán
C) vinieran D) vinieron

53. .... mañana, ... espero en mi casa a las 7.
A) Venid – os B) Venga – te
C) Ven – le D) Vengan – se

54. No vinimos hasta que no .... la noticia.
    A) sabíamos B) sepamos
    C) supimos D) supiéramos

Señala en que parte de la frase (A, B, C) está el error o si por el contrario la frase es correcta (D) :

55. A) Los socialistas piensan
    B) ... ganar de nuevo
    C) ... las elecciones.
    D) CORRECTA.

56. A) Todos creen
    B) ... que ésa es
    C) ... la mejora solución.
    D) CORRECTA.

57. A) La ONU ha sancionado
    B) ... a esos cuatro países
    C) ... por su intervención en el conflicto
    D) CORRECTA.

58. A) La sola cosa
    B) ... que le interesa
    C) ... es triunfar en la vida.
    D) CORRECTA.

59. A) No me permiten de fumar
    B) ... en los pasillos
    C) ... durante la pausa.
    D) CORRECTA.

60. A) ¡No te rías!
    B) ... El problema es más serioso
    C) ... de lo que parece.
    D) CORRECTA.

Elige la respuesta correcta.

61. Cuando el semáforo está en rojo, hay que ....
    A) acelerar B) parar
    C) dar marcha atrás D) seguir

62. Mi .... , el padre de mi mujer, vendrá a vernos en Navidad.
    A) yerno B) cuñado
    C) suegro D) primo

63. No nos va a dar tiempo a coger el tren, ya han anunciado ....
A) la llegada B) el despegue
C) la partida D) la salida

64. Para pedir un crédito, tiene que .... este formulario.
A) rellenar B) escribir
C) solucionar D) aclarar

65. No puede dormir por la noche desde que vio "Viernes 13", es muy ....
A) miedoso B) valiente
C) juerguista D) aventurero

66. Mis nuevos .... acaban de llegar. Parecen muy simpáticos.
A) vecinos B) muebles
C) libros D) amistades

67. Si tienes frío en los pies, ponte ....
A) una bufanda B) calcetines
C) guantes D) la chaqueta

68. Pon sábanas limpias en tu ....
A) cama B) sofá
C) mesa D) despacho

69. Hay huelga de aviones, tendremos que .... el viaje hasta mañana.
A) adelantar B) aplazar
C) desplazar D) cambiar

70. Esta ciudad es muy .... : nunca hay nada que hacer.
A) aburrida B) divertida
C) perezosa D) animada

71. Lo .... del colegio por su mal comportamiento.
A) enviaron B) mandaron
C) expulsaron D) arrojaron

72. Cuando salimos de la ducha nos secamos con ....
A) la esponja B) la servilleta
C) el mantel D) la toalla

73. Calienta un poco más el agua, todavía está ....
A) quemando B) hirviendo
C) tibia D) ardiendo

74. ……… el vestido, no sea que te lo manches.
A) Ponte B) Quítate
C) Desnúdate D) Vístete

75. No podemos pasar en coche por esta calle : es demasiado ……… .
A) larga B) ancha
C) estrecha D) amplia

76. ¿Por qué haría eso? ……… sobra que a Luis le iba a sentar muy mal.
A) Conoció de B) Supo de
C) Conocía de D) Sabía de

77. El gobierno les ha prometido que ……… .
A) continuará a les ayudar B) dejará de les ayudar
C) terminará en ayudarles D) les seguirá ayudando

78. Manolo se decidió ……… a mandar su curriculum vitae.
A) en fin B) por fin
C) a finales D) a fin

79. Seguro que ……… el crédito para comprarse el coche.
A) ganarán B) lograrán
C) conseguirán D) valdrán

80. No ……… este vestido es muy bonito, ……… es el que mejor te sienta.
A) tan – sino que B) tanto – sino
C) sólo – sino que D) solo – pero

Señala la traducción correcta.

81. Ce sera un repas dont je me souviendrai toujours.
A) Será una comida de quien siempre me acordaré.
B) Será una comida de la cual todavía me acordaré.
C) Esta será una comida de que todavía me acordaré.
D) Será una comida de la que siempre me acordaré.

82. Je n'ai que 3 francs, je ne peux rien vous acheter.
A) Sólo tengo 3 francos, no puedo compraros nada.
B) No tengo que 3 francos, no puedo compraros nada.
C) No he más que 3 francos, no puedo comprarle nada.
D) Tengo más que 3 francos, puedo comprarle nada.

83. On ne respecte plus personne.
A) Aún no respetan a nadie.
B) Sólo respetamos a nadie.
C) Ya no se respeta a nadie.
D) No se respeta más que a nadie.

84. C'est en 1998 qu'aura lieu l'Expo Universelle.
A) Es en 1998 donde tendrá lugar la Expo Universal.
B) Está durante 1998 en que tendrá lugar la Expo Universal.
C) Está en 1998 que tendrá lugar la Expo Universal.
D) Es en 1998 cuando tendrá lugar la Expo Universal.

85. Va au marché et achète autant de poissons que tu pourras.
A) Ves al mercado y compras tanto pescado que puedas.
B) Ve al mercado y compras tanto pescado cuanto podrás.
C) Ve al mercado y compra tanto pescado como puedas.
D) Ves al mercado y compras tanto pescado como puedes.

86. Plus tu travailleras, plus tu gagneras d'argent.
A) Cuanto más trabajes, más dinero ganarás.
B) Más trabajarás, más dinero ganarás.
C) En cuanto más trabajas, más dinero ganas.
D) Cuanto más trabajarás, más dinero ganarás.

87. Si j'étais le Président, j'aurais pu vous aider.
A) Si estuviera Presidente, hubiera podido ayudarles.
B) Si era Presidente, había podido ayudarles.
C) Si fuera Presidente, habría podido ayudaros.
D) Si estuviera Presidente, habría podido ayudarla.

88. Quand il quittera Madrid, il s'en ira plein de regrets.
A) Cuando quitará Madrid, se irá regretando.
B) Cuando se marche de Madrid, estará muy triste.
C) Cuando dejará Madrid, tendrá mucha pena.
D) Cuando quite Madrid, se irá tristísimo.

89. Si j'avais eu de l'argent, j'aurais acheté cette voiture.
A) Si hubiera tenido dinero, habría comprado ese coche.
B) Si había tenido dinero, habría comprado ese coche.
C) Si habría tenido dinero, hubiera comprado ese coche.
D) Si hubiera tenido dineros, habría comprado ese coche.

90. Le prix de cette maison est bien plus intéressant.
A) El premio de esa casa es más interesante.
B) El precio de esa casa es mucho más interesante.
C) El precio de esa casa es bien más interesante.
D) El premio de esa casa es bien más interesante.

Lee atentamente el siguiente texto « comer sano » :

Los españoles sobrellevan a duras penas la excesiva y caótica carga de información que gira alrededor de la comida, los alimentos, los cuerpos esculturales y las dietas para adelgazar. Frente a este bombardeo, los especialistas en nutrición insisten cada vez más en que cuanto más variada sea, más se diluyen los factores de riesgo en la salud. Así, la dieta se valora en su conjunto : ningún alimento es malo o perjudicial. El desequilibrio viene del abuso de unos cuantos o la eliminación de otros.

Hoy los médicos ven en la comida un arma infalible para conservar la salud, capaz de prevenir enfermedades y de apoyar, como un medicamento más, el tratamiento de otras. Sin ir más lejos, el infarto y el cáncer son las principales causas de muerte en las sociedades industrializadas. Se ha estimado que el 35 por ciento de los cánceres podía evitarse con una dieta adecuada.

Lo malo es que los trastornos aparecen en edades cada vez más tempranas. La anorexia nerviosa se está disparando de forma alarmante, y se ha convertido en este país en la tercera causa de enfermedad crónica en niños y adolescentes. Aunque es, ante todo, un problema mental, una de sus manifestaciones más claras tiene que ver con el comportamiento alimentario.

Lo importante siempre es mantener el equilibrio, porque una alimentación desequilibrada, excesiva en grasas saturadas, provoca la arterioesclerosis o cualquier otro tipo de patología cardiovascular.

Según : González, Rosa, « Comer Sano »,
El País semanal, 12 de noviembre de 1995

Dí cual de estas afirmaciones está incluida en el texto :

91. A) La búsqueda de un cuerpo escultural lleva a los españoles a interesarse por la nutrición.
B) A los españoles no les interesa el tema de la nutrición, aunque sea un tema muy actual.
C) Los españoles están mal informados sobre temas de dietética.
D) Los españoles soportan difícilmente la constante aparición de noticias referentes a la alimentación.

92. A) Una buena alimentación prohibe el consumo de ciertos alimentos.
B) Cuanto menos variada sea nuestra alimentación, menos riesgos corre nuestra salud.
C) Dieta equilibrada es sinónimo de buena salud.
D) El abuso de ciertos alimentos no es perjudicial para la salud.

93. A) El 35 por ciento de los cánceres son debidos a dietas equivocadas.
B) En la sociedad actual, un porcentaje elevado de las muertes son debidas a los infartos.
C) Una buena dieta puede prevenir enfermedades siempre que esté acompañada de la ingestión de medicamentos.
D) La comida sólo cumple una función física, no médica.

94. A) El infarto y el cáncer se producen a edades cada vez más tempranas.
B) La anorexia afecta a una gran parte de la población adulta.
C) La anorexia es consecuencia de una mala alimentación.
D) Desde hace algunos años, incluso los niños y los adolescentes sufren trastornos alimentarios.

95. A) Las enfermedades cardiovasculares están cada vez más relacionadas con el desequilibrio.
B) Una alimentación baja en grasas puede favorecer la arterioesclerosis.
C) El exceso de grasas es beneficiosa para la salud.
D) Todas las enfermedades están relacionadas con el equilibrio alimentario.

Lee atentamente el siguiente texto « Parados de Lujo » :

España es el país con más licenciados en paro de todos los desarrollados; El número de universitarios crece a más velocidad que las necesidades del mercado.

Para los jóvenes sólo hay una cosa más difícil que independizarse de la casa de sus padres : encontrar trabajo. Hace años que estudiar una carrera dejó de ser un seguro de colocación fácil y bien remunerada. Aunque se promociona la formación profesional como mejor camino para lograr un empleo, los jóvenes quieren tener una licenciatura. Ese empeño ha hecho que el número de los universitarios se haya duplicado en los últimos diez años.

Según las estadísticas, después de los españoles, los licenciados que más dificultades tienen para conseguir trabajo son los de Canadá y Dinamarca, con un 6 por ciento de paro, y los franceses, con un 5 por ciento. A esas alturas los más infortunados tienen ya cerca de 30 años, viven con sus padres y retrasan el momento de empezar una vida de pareja.

Las mujeres españolas se han incorporado masivamente a la universidad. Hoy el 52 por ciento de los universitarios son chicas. Las diferencias entre ambos sexos se dan en la elección de carrera : en Letras hay el doble de mujeres licenciadas que de hombres, mientras que el número de mujeres ingenieras es irrelevante.

El desempleo afecta a todo el mundo, incluídos los estudiantes. Es más, son los menos desfavorecidos; si el paro afecta a 16 por ciento de los titulados superiores, el porcentaje casi se duplica en los aspirantes a un puesto de trabajo que sólo tienen estudios medios : el 28 por ciento de ellos está en paro.

Según : Delgado, Gema y Pérez, Julia,
« Parados de lujo »,
Cambio 16, 23 de octubre de 1995

Di cual de estas informaciones esta incluida en el texto

96. A) A los jóvenes españoles les resulta más fácil independizarse que dejar la casa de los padres.
    B) Hoy en día los jóvenes desean encontrar un trabajo para poder dejar la casa de los padres.
    C) Estudiar una carrera no siempre asegura encontrar un empleo bien pagado.
    D) El número de universitarios aumenta, las necesidades del mercado también.

97. A) El problema del desempleo no afecta a los jóvenes que deciden seguir la formación profesional.
    B) Los estudiantes se matriculan en la universidad para huir del paro.
    C) El número de universitarios se ha multiplicado por dos en los últimos años.
    D) Hay más alumnos matriculados en la formación profesional que en la universidad.

98. A) El problema del paro universitario es un problema exclusivamente español.
    B) El problema del desempleo aplaza el momento de vivir en pareja.
    C) Daneses y canadienses son los que más fácilmente encuentran su primer trabajo.
    D) Después de España, Francia es el país que presenta el mayor número de universitarios parados.

99. A) Hay más hombres que mujeres en la universidad española.
    B) Las mujeres siguen en su mayoría estudios de Letras.
    C) No hay diferencias entre hombres y mujeres a la hora de elegir estudios universitarios.
    D) A pesar de todo, hay un número importante de mujeres ingenieras en España.

100. A) Los estudiantes son los menos afectados por el problema del paro.
     B) El paro afecta a un 28 por ciento de los estudiantes.
     C) Sólo un 12 por ciento de los titulados superiores consigue un puesto de trabajo.
     D) Los jóvenes con estudios medios se colocan más fácilmente que los que tienen estudios superiores.

TABLEAU DE CORRECTION DU QCM

1	*2*	*3*	*4*	*5*	*6*	*7*	*8*	*9*	*10*
B	**D**	**A**	**C**	**A**	**B**	**B**	**D**	**D**	**B**
11	*12*	*13*	*14*	*15*	*16*	*17*	*18*	*19*	*20*
A	**B**	**D**	**C**	**C**	**C**	**D**	**C**	**D**	**C**
21	*22*	*23*	*24*	*25*	*26*	*27*	*28*	*29*	*30*
A	**D**	**D**	**B**	**C**	**A**	**C**	**B**	**B**	**A**
31	*32*	*33*	*34*	*35*	*36*	*37*	*38*	*39*	*40*
D	**A**	**B**	**B**	**C**	**B**	**D**	**B**	**C**	**D**
41	*42*	*43*	*44*	*45*	*46*	*47*	*48*	*49*	*50*
C	**B**	**A**	**C**	**D**	**A**	**D**	**B**	**A**	**D**
51	*52*	*53*	*54*	*55*	*56*	*57*	*58*	*59*	*60*
B	**C**	**A**	**C**	**D**	**C**	**D**	**A**	**A**	**B**
61	*62*	*63*	*64*	*65*	*66*	*67*	*68*	*69*	*70*
B	**C**	**D**	**A**	**A**	**A**	**B**	**A**	**B**	**A**
71	*72*	*73*	*74*	*75*	*76*	*77*	*78*	*79*	*80*
C	**D**	**C**	**B**	**C**	**D**	**D**	**B**	**C**	**C**
81	*82*	*83*	*84*	*85*	*86*	*87*	*88*	*89*	*90*
D	**A**	**C**	**D**	**C**	**A**	**C**	**B**	**A**	**B**
91	*92*	*93*	*94*	*95*	*96*	*97*	*98*	*99*	*100*
D	**C**	**B**	**D**	**A**	**C**	**C**	**B**	**B**	**A**

ÉPREUVE DE SECONDE LANGUE
ITALIEN

Durée : 1 h 30

Lisez attentivement les instructions suivantes avant de vous mettre au travail :

Pour chaque énoncé de cette épreuve, vous seront proposées au plus 4 réponses (réponse A, réponse B, réponse C, réponse D).
Il y a une réponse juste et une seule par question, 100 au total. Vous pouvez vous abstenir de répondre à une question. Si vous indiquez plus d'une réponse par question, alors votre réponse sera considérée comme fausse.

Vous vous servirez de la feuille jointe pour indiquer votre réponse en noircissant les cases situées au-dessus des lettres correspondantes.

ATTENTION : si vous désirez modifier votre réponse à une question, **ne raturez pas,** mais indiquez votre nouvelle réponse sur la ligne de correction prévue à cet effet.
Exemple : vous souhaitez répondre B, puis après réflexion D.

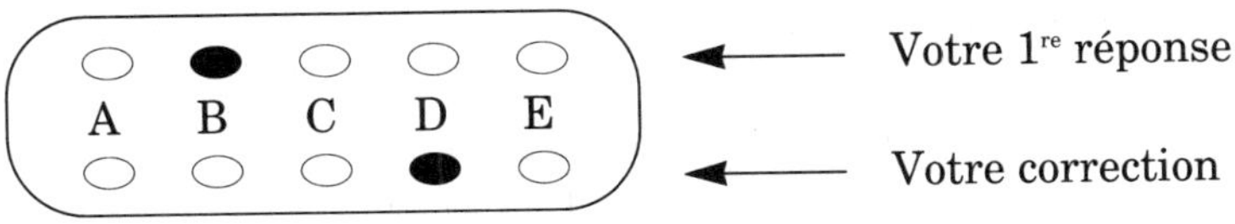

Les réponses justes sont comptabilisées : + 1
Les réponses fausses sont comptabilisées : – 0,2

COEFFICIENTS ATTRIBUÉS À CETTE ÉPREUVE
IPAG **bonus****

Important : en 1997, ESSCA et IÉSEG bonus*

**Les points au-dessus de la moyenne s'additionnent au total des points obtenus.*
*** Les points au-dessus de la moyenne, affectés du coefficient 2, s'additionnent au total des points obtenus.*

Pour chaque question, choisir parmi les quatre éléments (A, B, C, D), celui qui permet de constituer une phrase correcte et cohérente. Il n'y a qu'une réponse correcte pour chaque question.

1. Mi piacciono .... colori .... fiori.
A) i belli – di certi
B) le belle – di certi
C) i bei – di certe
D) i bei – di certi

2. Signor Bruni, ... vogliono al telefono.
A) Lo
B) Le
C) La
D) Ne

3. Quando ti sei comprato la macchina? – .... un mese fa.
A) Mi la ho comprata
B) Mi la sono comprata
C) Me la sono comprata
D) Me sono comprata

4. E' più facile .... dire .... fare.
A) – / che di
B) ø / che
C) di / che di
D) da / di

5. .... stavano tutti insieme, suonò l'allarme.
A) Intanto
B) Mentre
C) Mentre che
D) Durante

6. Per quanto .... , ... lo sgridava spesso.
A) le voleva bene, la sua madre
B) lo vorrebbe bene, la di lui madre
C) la voglia bene, la madre
D) gli volesse bene, sua madre

7. In inverno andiamo .... quattro a sciare.
A) tutti e
B) tutte le
C) tutti i
D) tutti

8. Nel momento .... i mercati chiudono, si deve star attenti.
A) in che
B) nel cui
C) in cui
D) dove

9. Mancò poco che non ....
A) muore
B) morì
C) muoia
D) morisse

10. La produzione industriale dei .... è ....
A) Greci – troppo poca
B) Grechi – troppo poco
C) Grecali – troppa poca
D) Gregari – troppa poco

11. Quando .... di lavorare?
A) finiscete
B) finiscite
C) finite
D) finiate

12. .... l'importanza dell'episodio .... riferirlo meglio.
A) Data – avrebbe potuto
B) Dato – sarebbe potuto
C) Dato – sarebbe potuta
D) Data – avrebbe potuta

13. E' un articolo .... 1994.
A) del
B) dell
C) della
D) dello

14. .... il dolce migliore che io .... mangiato in vita mia.
A) C'è – avrei
B) E' – avessi
C) E' – abbia
D) C'è – ho

15. Mi accolgono sempre ....
A) a braccia aperte
B) con i bracci aperti
C) con le braccia aperte
D) coi bracci aperti

16. I bambini sono separati, per tutto il giorno, ... genitori.
A) dei
B) degli
C) dagli
D) dai

17. Quasi quasi .... un altro liquore.
A) prenderò
B) prenderei
C) ho preso
D) presi

18. Temo che Lei .... aspettare molto.
A) deve
B) dova
C) debba
D) dovesse

19. Il ragazzo .... conosci la fidanzata è un mio amico.
A) cui
B) di cui
C) di quale
D) a cui

20. .... tu vada, ti raggiungeremo.
A) Qualunque
B) Comunque
C) Chiunque
D) Dovunque

21. Quando si .... molto, non si può più essere ....
A) ha sofferto – felice
B) è sofferto – felici
C) ha sofferti – felice
D) è sofferti – felici

22. Gli rispose .... sì.
A) che
B) da
C) di
D) con

23. Siena è rimasta la stessa, ... qualche cambiamento ma cose .... poco.
A) c'è – da
B) ci sono – di
C) c'è – di
D) ci sono – da

24. .... , fa due .... viaggi all'estero.
A) Ogni anno – lunghi
B) Tutti anni – lungi
C) Ogni anni – lunghi
D) Tutti gli anni – lungi

25. Desidererei che tu .... molto più ricco .... me.
A) sia – di
B) fossi – di
C) fossi – che
D) sia – che

26. Ho l'impressione che l'Inghilterra .... il paese .... allegro del mondo.
A) è – il meno
B) fosse – meno
C) sia – il meno
D) sia – meno

27. Torino è una città .... ricca .... Milano.
A) tanto – che
B) così – quanto
C) tanto – quanto
D) così – che

28. .... le cose vadano, bisognerà provvedere ai fabbisogno di tutti.
A) Sicché
B) Comunque
C) Anche se
D) Siccome

29. Paganini è stato ... forse ... del mondo.
A) un ottimo violonista – il migliore
B) un'ottimo violonisto – migliore
C) un'ottima violonista – meglio
D) un ottima violonista – il meglio

30. Sono .... ragazzi ....
A) degli – qualunque
B) degli – qualunqui
C) dei – qualunque
D) degl' – qualunqui

31. .... va .... suoi nonni.
A) Non – mai dai
B) Mai non – dai
C) Non – mai da
D) Mai – da

32. Ci siamo andati .... mesi fa.
A) certi
B) alcuni
C) ogni
D) qualche

33. .... venire a cena con noi, ma non .... mangiare.
A) E' dovuto – è potuto.
B) Ha dovuto – ha potuto
C) Ha dovuto – è potuto
D) E' dovuto – ha potuto

34. Se .... con noi ti ....
A) verresti – divertiresti
B) verrai – divertisti
C) verrai – divertirai
D) verresti – divertissi

35. Bisogna sapere che .... tre ore di viaggio.
A) ci vogliono
B) ci vuole
C) occorre
D) bisogna

36. Datemi .... foglio che vedo laggiù.
A) quel
B) quello
C) questo
D) codesto

37. Gianni disse che Mirco .... venuto appena .... potuto.
A) sarebbe – avesse
B) sarà – avrà
C) avrebbe – sarebbe
D) avesse – fosse

38. .... la fine del mese .... altre riunioni.
A) Entro – c'erano
B) Entro – ci saranno
C) Fra – ci saranno
D) Alla – c'erano

39. Ho cominciato a praticare lo sci .... Lo pratico .... due anni.
A) due anni sono – per
B) è due anni – in
C) due anni fa – da
D) fanno due ani – fra

40. Ci .... molti anni per costruire tutti questi monumenti.
A) è voluto
B) ha voluto
C) hanno voluti
D) sono voluti

41. Ha mangiato due ....
A) uovi sodi
B) uove sode
C) uova soda
D) uova sode

42. Vi erano .... alberi .... la strada.
A) begli – lungo tutta
B) bei – il lungo di tutta
C) belli – a lungo di tutta
D) bell'– tutto il lungo della

43. Di quei romanzi che avete letto, ... vi è piaciuto .... ?
A) il quale – più
B) quale – di più
C) quale – il più
D) lo quale – lo più

44. Ci sono in Abruzzo .... animali .... scomparse altrove.
A) speci – in tutto
B) specie – del tutto
C) specie – per tutto
D) speci – con tutto

45. Io gli dissi : – Ci .... Lei, a comprarsi il giornale.
A) va
B) andava
C) andasse
D) vada

46. A Sonia non ……… risultava che Massimo ……… austriaco.
A) gli – era B) la – fu
C) le – fosse D) lo – sia

47. Ha ……… zaffiro su ……… anello d'argento.
A) uno – un' B) un – un'
C) uno – un D) un – un

48. ……… pazienza.
A) Ci vuolemi molto di B) Mi ci vuole molta
C) Ce mi vuole molta D) Mi ci vuole molto

49. ……… pensano ……… a ……… .
A) Tutti – soli – sè stessi B) Ognuno – solo – sè stesso
C) Tutti – solo – sè stessi D) Chi – solo – lui stesso

50. Si è preso una multa ……… .
A) di venti mille lire B) da venti mila lire
C) di vento mille lire D) da vento mila lire

51. Non ……… spiritoso.
A) fa lo B) fare lo
C) fa il D) fare il

52. I miei amici hanno portato anche ……… figlio.
A) il loro B) loro
C) suo D) il suo

53. Vuoi ancora una caramella? – No grazie ………. .
A) ne ho già mangiate molte B) ho già mangiate molto
C) ne ho già mangiato molte D) ne già mangiate molto

54. ……… che me ne ……… : ……… qualche ……… prima di essere a casa.
A) Bisogna – vada : ci vuole – ora
B) Ci vuole – vado : ci vogliono – ore
C) Bisogna – andassi : bisogna – ora
D) Ci vuole – andasse : bisognano – ore

55. Ero sicura che loro ……… una scusa per non accettare il mio invito.
A) troverebbero B) avrebbero trovato
C) avranno trovato D) troveranno

56. In questo paese ……… , perché non si sa cosa fare.
A) ci si annoia B) si ci anoia
C) si si annoia D) si anoia

57. Anna, come .... con l'italiano?
A) la cavi
B) ti cavi
C) te ne cavi
D) te la cavi

58. Voleva portare un cappellino ma non poteva .... uno.
A) comprarsene
B) se ne comprare
C) ne comprarsi
D) comprarselo

59. Ditemi .... che .... al mio posto.
A) quel – aveste fatto
B) quello – avreste fatto
C) quale – abbiate fatto
D) ciò – facciate

60. ...... uno per te, mi disse, offrendomi un gelato.
A) Eccoci
B) Eccone
C) Eccome
D) Eccoti

Pour chaque question, choisir parmi les 4 éléments (A, B, C, D), celui qui permet de constituer une phrase correcte et cohérente.
Il n'y a qu'une réponse correcte pour chaque question.

61. Buon appetito! – .... !
A) Magari
B) Altrettanto
C) Pazienza
D) Altro che

62. Le ho mandato .... questo pomeriggio.
A) un telegrammo
B) un telegramma
C) una telegramma
D) un telegramme

63. Non vediamo .... di andare dalla zia Michela.
A) l'ora
B) il minuto
C) il giorno
D) il tempo

64. Sono ....
A) stancissimo
B) stanco troppo
C) stanco morto
D) tutto stanco

65. Con i tempi che .... è difficile trovare un lavoro.
A) vanno
B) passono
C) fuggono
D) corrono

66. Quell'uomo è un ....
A) crimine
B) assassino
C) assassinio
D) ucisore

67. Ah, siete arrivati .... !
A) alla fine
B) per la fine
C) finalemente
D) finalmente

68. Se .... a Modena telefonami subito!
A) capiti
B) succedi
C) accadi
D) cadi

69. Se non .... è tedesco.
A) fallo
B) sballo
C) sbaglio
D) trompo

70. Cerchiamo un appartamento ....
A) a locazione
B) per affitto
C) in affitto
D) a locare

71. Quanto zucchero? – .... zucchero, grazie.
A) Basta
B) Non di
C) No
D) Niente

72. Questa pasta è ....
A) molta buona
B) bene
C) ottima
D) benissima

Cochez pour chaque question le synonyme du mot ou de la locution proposée. Il n'y a qu'une réponse correcte pour chaque question.

73. Andare dal medico significa : Andare ....
A) a chiamare il medico
B) a far un lavoro per il medico
C) al posto del medico
D) a fare visite

74. Cibo
A) Bersaglio
B) Alimento
C) Straccio
D) Bevanda

75. Su per giù
A) immediatamente
B) press' a poco
C) subito
D) sempre

76. Ingresso
A) Concime
B) Ostruito
C) Generato
D) Entrata

77. Pigliare
A) Prendere
B) Depredare
C) Pilastro
D) Saccheggiare

78. Padrino
    A) Comprare
    B) Secondo marito della madre
    C) Padre piccolo
    D) Piccolo padrone

79. Avere un cervello di gallina
    A) Essere molto intelligente
    B) Essere molto istruito
    C) Essere cortese
    D) Essere uno sciocco

80. Salario
    A) Sporco
    B) Mascalzone
    C) Stipendio
    D) Mostra

81. Su due piedi
    A) Ritto
    B) In piedi
    C) Sul momento
    D) Aver i due piedi per terra

82. In bocca, chiusa non entra mai mosca.
    A) Chi non domanda niente, non ha niente.
    B) Chi tace acconsente.
    C) Il silenzio è d'oro.
    D) Non bisogna mai svelare un segreto.

83. Lì per lì
    A) Vicino
    B) Insieme
    C) Accanto
    D) Sul momento

84. Fattoria
    A) Ferma
    B) Cascina
    C) Guardia
    D) Portalettere

85. Stare bocconi
    A) Stare sul ventre
    B) Stare a bocca in su
    C) Avere la bocca spalancata
    D) Aver la bocca grande

Le texte ci-dessous se rapporte aux questions 86 à 90.

POSTITALIANI, STRANA GENTE

Volevamo cambiare la Repubblica e invece sono cambiati gli italiani. Bombardati dalla rivoluzione di Mani pulite, gli italiani sono diventati strada facendo postitaliani. Abbiamo perso la fiducia nelle cose in cui credevamo e anche molti caratteri tradizionali.
Facciamo un piccolo inventario dei grandi cambiamenti.

L'impronta cattolica ci ha accompagnati anche nelle stagioni più laiche e perfino anticlericali. Eravamo cattolicamente anticlericali e cristianamente atei. C'era un'impronta cattolica perfino nei nostri vizi di gola, di sesso e di pubblica corruzione. Adesso no. Siamo aspiranti cattolici, protestanti, perfino buddisti e induisti. Ma soprattutto siamo un paese che tende a non credere più a niente.

Gli italiani erano allevati al culto del posto fisso, del buon impiego inamovibile, ove statale coincideva con statuario. Avevano il valore dell'indissolubilità. I postitaliani tendono invece a cambiar mestiere e mansioni, ad avere il piacere dello sradicamento, dell'infedeltà e del camaleontismo.

Gli italiani conservavano sotto il mattone o investivano nel mattone; accumulavano i bot, allevati sin da bambini al salvadenaio, e il libretto di risparmio. I postitaliani vivono nella precarietà, optano per lo scoperto bancario, si impegnano mezzo stipendio tra mutui e rate.

In treno gli italiani "attaccavano bottoni" con gli altri viaggiatori. I postitaliani viaggiano in silenzio, interrotto solo da cuffie e cellulari.

Gli italiani ostentavano le loro fedi religiose e civili, i loro lutti, i loro titoli di studio. E nascondevano le loro pratiche di vita, soprattutto sessuali, in privato. I postitaliani, invece, tendono a nascondere la loro fede religiosa, i loro lutti, i loro titoli di studio. E tendono a ostentare cose che un tempo erano ritenute intime e private.

Ora si tratterà di scoprire cosa riuscirà a tenere insieme questi benedetti postitaliani, secessionisti dentro l'anima. Anche da se stessi.

Da Marcello VENEZIANI
Panorama – 1/2/96

Dans les questions 86 à 90, cochez la réponse qui vous paraît exacte parmi les 4 affirmations proposées.

86. In materia di religione, i postitaliani sono :
    A) Tutti irreligiosi
    B) Cattolici integralisti
    C) Postcattolici con tendenza accentuata a diventare atei
    D) Calvinisti

87. I postitaliani sono psicologicamente e professionalmente :
    A) Instabili
    B) Stabili
    C) Stanziali
    D) Viandanti

88. In materia di soldi, i postitaliani preferiscono :
   A) Fare debiti
   B) Aprire un libretto di risparmio in banca e versare mezzo stipendio
   C) Risparmiare pensando al futuro
   D) Fare opere di beneficienza e vivere nella precarietà

89. Nella vita sociale i postitaliani sono :
   A) Cordiali B) Introversi
   C) Comunicativi D) Espansivi

90. Nel loro rapporto con il pubblico e il privato i postitaliani :
   A) Privatizzano tutto ciò che rientra nella sfera pubblica
   B) Sono pudici
   C) Ostentano le loro convinzioni religiose e civili
   D) Non sono esibizionisti
   D) semplici

Le texte ci-dessous se rapporte aux questions 91 à 95.

FATTORE E.Q.

Scott Croteau aveva 17 anni. E apparentemente tutti i numeri per vincere nella vita : primo della sua classe al liceo e campione nella squadra locale di football. Ma all'inizio dell'estate, Scott era stato piantato da una ragazza. Due settimane fa Scott si è impiccato.

Il dramma di Scott è finito sui giornali come caso emblematico di un "vincente" che si è arreso, contro ogni aspettativa. E' parso la conferma di quanto alcuni ricercatori americani vanno sostenendo da tempo : che per avere successo nella vita è necessario sí, un buon quoziente di intelligenza, il celeberrimo Q.I. (I.Q. in inglese) ma contano anche le emozioni. Vale a dire tutto ciò che i nostri padri chiamavano "esprit" e che gli studiosi americani, oggi, condensano nella sigla E.Q., quoziente emotivo o dell'intelligenza delle emozioni (in italiano diremmo Q.E.).

L'espressione è stata coniata cinque anni fa dallo psicologo Peter Salovey, e da John Mayer dell'università del New Hampshire. Ma è stato il libro Emotional Intelligence di Daniele Goleman a darle celebrità.

Le reflessioni di Goleman hanno come cornice alcuni esperimenti prolungati nel tempo, in fasi diverse. Per esempio, un ricercatore invita alcuni bambini uno per volta, in una stanza. A ciascuno mostra una caramella : se vuoi, dice, puoi averla subito; ma se aspetti che io torni dopo aver fatto una commissione, di caramelle ne avrai due.

La seconda fase della ricerca, qualche anno dopo, viene condotta fra genitori e insegnanti degli stessi bambini. Risultato : i ragazzi che a quattro anni avevano "resistito" alla tentazione sono diventati adolescenti più equilibrati e socievoli. Quelli che avevano afferrato subito la caramella, appaiono solitari e fragili.

I ricercatori cercano ora di comprendere come Q.I. ed E.Q. si completino reciprocamente. Fra gli ingredienti del successo, il Q.I. conterebbe all'incirca per il 20 per cento; il resto dipende da altri fattori quale la classe di appartenenza, la fortuna.

Forse la capacità emotiva che riconosciamo meglio è l'empatia. I ricercatori pensano che il 90 per cento della comunicazione emotiva sia non verbale : chi legge meglio sul viso degli altri ha più successo nella vita.

Da Stefano FERRIO
Panorama – 12/10/95

Dans les questions 91 à 95, cochez la réponse qui vous paraît exacte parmi les 4 affirmations proposées.

91. Secondo una ricerca scientifica americana per avere successo nella vita il Q.I. non basta conta anche :
A) La personalità
B) Il quoziente intellettivo
C) La buona salute
D) L'insieme delle prestazioni mentali

92. La sigla E.Q. è stata usata per la prima volta da :
A) Peter Salovey e John Mayer
B) Ricercatori americani tanto tempo fa
C) Dallo psicologo Peter Salovey cinque anni fa
D) Daniele Goleman

93. Le ricerche comportamentali condotte da Goleman provano che la capacità di tenere a bada la tentazione :
A) E' un segnale di intelligenza emotiva
B) Rende infelici
C) Deriva da un buon quoziente intellettivo
D) Riflette uno squilibrio

94. Il quoziente emotivo di una persona è legato :
A) Agli studi compiuti e alla fortuna
B) A un' ottima posizione finanziaria
C) All'ambiente in cui vive e al destino
D) All'appartenenza a una classe vincente

95. L'empatia è la capacità di :
   A) Mettersi nei propri panni
   B) Saper valutare il successo degli altri
   C) Ricordare facilmente le fisionomie
   D) Comprendere le emozioni degli altri

Le texte ci-dessous se rapporte aux questions 96 à 100.

LE CASALINGHE EMANCIPATE

Non siamo ancora ai livelli dell'Unione Sovietica, dove le donne più colte e avanzate come l'economista Tatiana Zaslskaja, chiedono ormai senza mezzi termini che le donne possano tornare a casa, per essere liberate dal peso massacrante del lavoro esterno che si somma al lavoro domestico, rendendo la loro vita un inferno. Ma anche in Italia la figura della donna che lavora, nelle sue diverse varianti dell'emancipata, della discriminata dalla gerarchia maschile, della "donna in carriera", è considerata ormai una figura a rischio. Nuove formule girano in quel mondo di studiose che ha intrecciato le proprie conoscenze scientifiche con il femminismo per definire la condizione sempre più paradossale delle donne nella società di oggi.

La sociologa Laura Balbo, parla per esempio di "doppia presenza" femminile : otto ore in ufficio, o dietro il banco di un negozio o alla catena di montaggio, e poi una sequela di altre ore per un'infinità di attività domestiche concernenti il governo della casa e l'educazione dei figli, se ci sono. E poi ancora, le incombenze relative all'assistenza delle persone anziane che fanno parte del nucleo familiare.
Anche le donne di condizione sociale più elevata sono impegnate in una miriade di altre attività minute, dai colloqui con gli insegnanti al pagamento delle assicurazioni, dal ritiro di carte e certificati alle code dal pediatra, dall'assistente sociale, dal commercialista. "Tempo di cura", lo definisce Laura Balbo, riprendendo il termine da studi dei paesi anglosassoni e del Nord Europa.

Sull'onda del malessere delle donne, l'idea di valutare il tempo sempre più come un bene di cui l'individuo vuole riappropriarsi sta facendo strada fra i radical americani come nelle sinistra riformista europea.

In Italia le donne del Pci stanno raccogliendo le firme per presentare in autunno una legge di iniziativa popolare lungamente elaborata, con l'accattivante titolo "Le donne cambiano i tempi". Una legge per rendere più umani i tempi del lavoro, gli orari della città, il ritmo della vita.

Da Chiara VALENTI
L'Espresso – 17/6/90

Dans les questions 96 à 100, cochez la réponse qui vous paraît exacte parmi les 4 affirmations proposées.

96. Le donne più progressiste nell'Unione Sovietica richiedono :
   A) Che le donne lascino il proprio lavoro all'esterno e siano retribuite dallo Stato per il lavoro domestico
   B) Che le donne possano svolgere il loro lavoro a casa per avere più tempo per svolgere il lavoro domestico
   C) Che le donne non lavorino più all'esterno
   D) Che le donne siano finalmente liberate dal peso massacrante del lavoro domestico

97. In Italia, una donna che lavora è considerata una figura a rischio perché :
   A) E' diventata una "donna in carriera"
   B) E' sempre più emancipata
   C) E' sempre più femminista
   D) E' sempre più schiava della famiglia

98. La condizione sempre più paradossale delle donne nella società di oggi è dovuta :
   A) Alla continua emancipazione della donna
   B) Al fatto che la società continua a funzionare come se le donne fassero ancora tutte casalinghe
   C) Alla discriminazione dalla gerarchia maschile
   D) Alla diffusione del femminismo

99. In che cosa consiste il "Tempo di cura"?
   A) E' un tempo-lavoro che si estende fuori dell'ambito del lavoro domestico
   B) E' una nuova terapia seguita da donne di condizione sociale più elevata che soffrono di solitudine
   C) E' un tempo che le donne di condizione sociale più elevata riservano a opere di beneficienza
   D) E' un tempo che serve per avere un cotatto con il mondo esterno

100. Cosa hanno in comune i radical americani e la sinistra riformista europea?
   A) Vogliono rendere le donne e in conseguenza gli uomini padroni del tempo
   B) Vogliono che gli individui siano sempre più liberi di svolgere le attività che desiderano
   C) Vogliono che le donne siano suddite del tempo
   D) Vogliono che ci sia più alienazione nel tempo libero

TABLEAU DE CORRECTION DU QCM

1	*2*	*3*	*4*	*5*	*6*	*7*	*8*	*9*	*10*
D	**C**	**C**	**B**	**B**	**D**	**A**	**C**	**D**	**A**
11	*12*	*13*	*14*	*15*	*16*	*17*	*18*	*19*	*20*
C	**A**	**A**	**C**	**A**	**C**	**B**	**C**	**B**	**D**
21	*22*	*23*	*24*	*25*	*26*	*27*	*28*	*29*	*30*
B	**C**	**A**	**A**	**B**	**D**	**C**	**B**	**A**	**C**
31	*32*	*33*	*34*	*35*	*36*	*37*	*38*	*39*	*40*
A	**B**	**D**	**C**	**A**	**A**	**A**	**B**	**C**	**C**
41	*42*	*43*	*44*	*45*	*46*	*47*	*48*	*49*	*50*
C	**A**	**B**	**B**	**D**	**C**	**C**	**B**	**B**	**C**
51	*52*	*53*	*54*	*55*	*56*	*57*	*58*	*59*	*60*
B	**A**	**A**	**A**	**B**	**A**	**D**	**A**	**B**	**B**
61	*62*	*63*	*64*	*65*	*66*	*67*	*68*	*69*	*70*
A	**B**	**A**	**C**	**D**	**B**	**D**	**A**	**C**	**C**
71	*72*	*73*	*74*	*75*	*76*	*77*	*78*	*79*	*80*
D	**C**	**A**	**B**	**B**	**D**	**A**	**A**	**D**	**C**
81	*82*	*83*	*84*	*85*	*86*	*87*	*88*	*89*	*90*
A	**A**	**D**	**B**	**A**	**C**	**A**	**A**	**B**	**A**
91	*92*	*93*	*94*	*95*	*96*	*97*	*98*	*99*	*100*
A	**A**	**A**	**C**	**D**	**C**	**D**	**B**	**A**	**A**

ÉPREUVE DE SECONDE LANGUE
RUSSE

Durée : 1 h 30
Nouveauté

En 1997, les trois écoles du groupement proposeront une épreuve de russe qui n'existait pas auparavant, elle aura la même structure que les autres épreuves de LV2.

PUBLICATION ESPACE ÉTUDES ÉDITIONS
Un département du magazine Espace Prépas

Directeur des éditions
Didier Visbecq
Assisté de
Carole Dommée

Conception & maquette
Bernard Cier

Réalisation
Poy Kow Ung
Éliane Droniou

Secrétariat de rédaction
Lyse Harinck

Achevé d'imprimer sur les presses
de l'imprimerie IBP
à Fleury Essonne 91
Tél. : 01 69.43.16.16
Dépôt légal : Décembre 1996

ISBN n° 2-906938-71-8

Vous souhaitez recevoir

LE DOSSIER D'INSCRIPTION AU CONCOURS

des écoles réunies

au sein du groupement VISA

remplissez cette page et adressez-la à :

VISA

BP 170

75263 Paris Cedex 06

Nom : ....

Prénom : ....

Adresse :...

....

Code postal :..

Ville : ....

Terminale :..

Établissement : ....

Le dossier que vous recevrez contiendra

les plaquettes de présentation des trois écoles